山西秀容书院博物馆

读书山房系列◎馆藏古籍

字裏家國

清代忻州《五言杂字》释义

王利民 · 编著

山西出版传媒集团
北岳文艺出版社
BEIYUE LITERATURE & ART PUBLISHING HOUSE
· 太原 ·

图书在版编目（CIP）数据

字里家国：清代忻州《五言杂字》释义 / 王利民编著 .— 太原：北岳文艺出版社，2024.4

ISBN 978-7-5378-6853-2

Ⅰ .①字… Ⅱ .①王… Ⅲ .①古汉语—启蒙读物 Ⅳ .① H194.1

中国国家版本馆 CIP 数据核字（2024）第 085996 号

字里家国：清代忻州《五言杂字》释义

王利民 / 编著

//

出品人
郭文礼

选题策划
谢　放

责任编辑
谢　放

书籍设计
王利锋
刘早峰
谢　放

印装监制
郭　勇

出版发行：山西出版传媒集团 · 北岳文艺出版社
地址：山西省太原市并州南路 57 号　　邮编：030012
电话：0351-5628696（发行部）0351-5628688（总编室）
传真：0351-5628680
经销商：新华书店
印刷装订：山西基因包装印刷科技股份有限公司

开本：889mm × 1194mm　　1/16
字数：289 千
印张：19.125
版次：2024 年 4 月第 1 版
印次：2024 年 4 月山西第 1 次印刷
书号：ISBN 978-7-5378-6853-2
定价：88.00 元

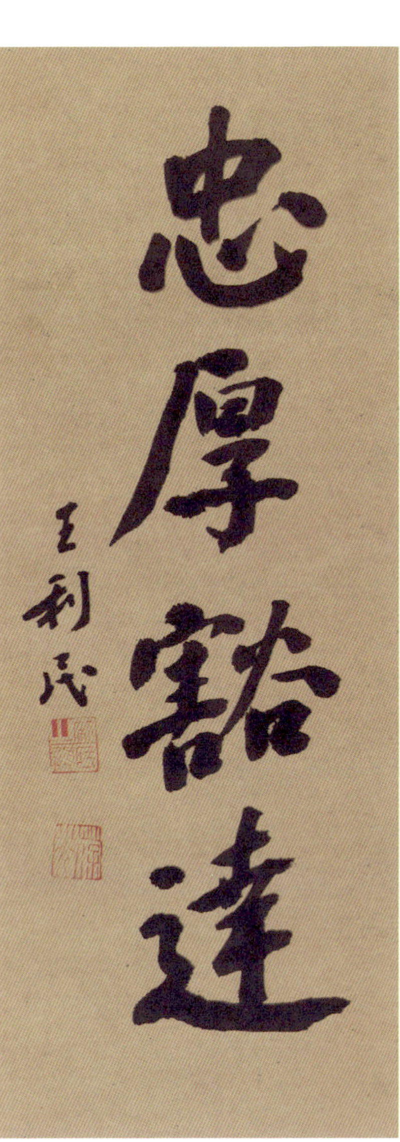
忠厚豁達
王利民

序一

李斌 山西省文联党组书记

2022年7月12日，我和山西省文联的几位同志去忻州调研，了解当地文艺资源和文艺工作开展情况。忻州是我自2021年1月27日到山西省文联工作后调研的第七个地级市。在两天半的时间里，我们先后到繁峙县影剧院、“太忻数据流量谷”项目基地、云中河景区、忻州市文联活动基地、秀容书院博物馆等地进行了实地走访，深深地感到忻州有厚重珍贵、丰富多样、特色鲜明的地域文化资源。我们还听取了忻州市文联的工作汇报和文艺界代表的发言。忻州市文联有团结进取、精干高效、敢打硬仗的干部队伍，有平台坚实、保障有力的工作条件，有稳固扎实的工作基础。他们的努力进取激发了忻州文化发展的活力，对繁荣忻州乃至山西文艺事业起到了积极的示范作用，忻州市文联也成为山西省地级文联中的一个标杆。

调研秀容书院博物馆后，在住地宾馆的电梯里，随我调研且即将调整到山西省摄影家协会工作的刘涛同志告诉我，他在秀容书院博物馆“九原（忻州古称）文脉”展厅的展柜里发现一件宝贝。我问是什么宝贝，他说是一本非常珍贵的《五言杂字》，一本可以于全省已经发现的二百多种杂字书中排名第一的精品孤本杂字书。

之前，我知道刘涛同志多年来利用业余时间收藏解放前的山西民间识字读本——山西杂字，还单独或与人合作编写过不少杂字方面的书，比如《山西杂字藏谈》《山西杂字辑要》《清至民国山西杂字文献集刊》《山西杂字说山西》等。他对山西的杂字文献十分熟悉，自然明了在博物馆展柜里展示的《五言杂字》的价值。

我粗略地看过这本杂字书，全书正文共1310句，每句五言，总计6550字，是清乾隆年间忻州董村人杨如梧先生编纂，其好友定襄县西河头村人王喆主持刊印的。这本杂字书包罗万象，涉及社会、历史、人事、农事、建房、经商、居家、婚俗、葬俗、修身、教子、读书、游历、花鸟、医药等多种知识，是一座蕴藏着忻州丰富地域文化的宝藏。它集识字教育、知识教育、职业教育、道德教育于一身，是一部综合性的民间实用教材，是一部民间的百科全书，栩栩如生地描绘出一幅晋北普通百姓社会生活的风俗画卷，集中展现了二百多年前忻州的农业文明与商业文化，是一本难得的既长知识又励志的启蒙读物。这本杂字书镌刻着时代的记忆，自带着历史的温度，见证着忻州这块神奇土地上的文脉传承。

回到省城后，刘涛同志多次向我说起整理、开发这本《五言杂字》的事情，并积极联系秀容书院博物馆及忻州市文联的负责人，希望能得到他们的支持。忻州的文史专家张六金先生很快在媒体上报道了有关忻州《五言杂字》的编写、收藏、保存、展览背后的故事。

我在忻州调研座谈会的开场白中说，山西的文化资源非常丰富，遍地是黄金，但没有引起足够的重视，没有下大力气进行开发和宣传。我到文联工作之后，经过调研思考，提出了“坚持一个遵循，推进两个转化，实施五项工程”的基本工作思路，即以习近平总书记关于文艺工作的重要讲话、指示、批示精神，特别是习近平总书记在中国文联十一大开幕式上的重要讲话精神为根本遵循，通过对中华传统优秀文化的创造性转化和创新性发展，实施抢救工程、创作工程、荧屏工程、惠民工程和人才工程五项工程，把山西丰富的文化资源转化为优秀的作品，助力山西文化强省建设；把精湛的民间工艺转化为优质的产品，助推山西转型发展伟大实践。其中，实施好抢救工程，就是通过对山西宝贵的文化遗产和民间工艺进行挖掘、搜集、整理、保护，继承和弘扬中华优秀传统文化；实施好创作工程，就是利用山西丰富的文化资源进行艺术创作，着力打造艺术精湛、制作精良、思想精深又能体现山西特色的精品力作。我们文联要发挥组织优势与专业优势，不仅要深入基层送文化，种文化，还要开发传统文化，让优秀的传统文化进入百姓的日常生活。

《五言杂字》这类民间的识字读本，过去在教育百姓方面发挥了巨大的作用，其也因实用性而流传数百年。那时，普通百姓通过学习杂字，对历史观、道德观、国家观、生死观、教育观、妇女观、自然观、神道观等有了一个基本了解。杂字不仅仅展示了先辈当时的生活场景和思想理念，更有留给后人的宝贵经验和教训。

刘涛同志的呼吁引起忻州市文联当家人王利民先生的高度重视，他立即组织专人小组对《五言杂字》进行复制，并展开整理、注释工作，迅速地编写出《字里家国：清代忻州〈五言杂字〉释义》这本书。认真落实习近平总书记“让收藏在禁宫里的文物、陈列在广阔大地上的遗产、书写在古籍里的文字都活起来”的指示精神，通过整理，使藏在博物馆里的蒙学孤本能够从展柜走向人民大众，让百姓重温我们的优秀传统文化，让更多的人了解它并从中得到精神的助益，使得进入博物馆的传统文化真正地“活”起来、“火”起来——这本书的编纂与推广便是一次很好的尝试。

整理、宣传忻州乾隆版《五言杂字》是我们调研忻州的一个意外收获，是我们实施“五项工程”工作思路的一次具体实践，是讲好山西故事、传承传统文化、促进文旅融合、推进文化发展的一个典型个案。我们期望有更多的优秀传统文化能够通过“双创”进行转化，我们期望能赋予传统文化以当代审美和当代价值，我们期望能用智慧去激活传统文化和传统工艺，我们期望能让传统文化回归现实生活，展示出优秀文化本来的鲜活生命力。

序二

宁志刚

由忻州市文联、山西秀容书院博物馆组织编辑并点校的《字里家国：清代忻州〈五言杂字〉释义》一书即将付梓，开启了山西秀容书院博物馆“读书山房系列”“馆藏古籍”编印出版的先河。这是对以忻州历代前贤典籍为主体的乡邦文献整理与出版的一个积极尝试，更是忻州文化建设的一件喜事。作为山西秀容书院博物馆的创意策划人，我倍感欣慰。在此，谨就山西秀容书院博物馆编辑出版“读书山房系列”丛书的初衷与读者朋友进行交流，以期取得更好的文化效应和更积极的社会影响。

山西秀容书院博物馆创建于2021年11月，由忻州老白烧文化发展有限公司投资运营，是山西省文物局主管的第一家非国有的公益性的地方历史文化主题博物馆。忻州历史悠久、文化灿烂，向有“文跻九原，雅出秀容”之誉。创建于乾隆四十年的秀容书院，可看作是忻州历史文化的一个缩影。它不仅见证了儒学教育向近代教育的变迁，更是忻州（民国时期为忻县）第一个党支部成立时的所在地（忻县第一个党支部在忻县中学成立，忻县中学的前身是秀容书院）。为此，山西秀容书院博物馆以忻州历史文化发展为主线，设立“九原文脉”“秀容弦歌”“前贤遗珍”“百年风华”四个主展区，既全面展示忻州数千年的文化积淀，又集中体现秀容书院的历史沿革；既展陈历代前贤遗存的珍贵墨迹，又开展革命传统教育。山西秀容书院博物馆自正式开馆运营以来，以丰富的历史文化内涵和别具特色的运营方式，赢得了社会各界的高度评价，迅速成为忻州古城的文化高地。不到一年时间，人民日报客户端和今日头条予以了近百次报道。博物馆累计接待上万名参观者，实现了建馆初衷，达到了预期目的。秀容书院自清代起即设有启秀书社和读书山房。清光绪七年，以秀容书院藏板读书山房刻本刊印了《元遗山先生全集》《中州集》，这是忻州本土首次刊印一代文宗乡贤元好问的著作，有着重要的文化意义。为此，我在提议创建山西秀容书院博物馆之初，就特别强调要恢复设置启秀书社和读书山房。博物馆开馆运营后，取得了良好的效果，随即开始着手推动“读书山房”品牌建设，并确立了一年一度的“云际青山——读书山房上元雅集”文化活动，把“读书山房系列丛书”的编辑出版作为提升秀容书院博物馆文化示范和研究功能的一项重要举措。“读书山房系列丛书”目前分为两个系列，一是馆藏古籍整理翻印系列；二是乡邦文献研究系列。乡邦文献研究系列已有《翠岩山房藏汉晋砖拓百种》于2022年6月由山西人民出版社正式出版发行。馆藏古籍整理翻印系列，首批整理古籍即为清光绪七年秀容书院藏板读书山房刻本的《中州集》、清嘉庆丙辰元年余庆堂存版的杨如悟《五言杂字》。如果说《中州集》的翻印出版，重在体现“读书山房”恢复传统、传承文脉的宗旨，那么《五言杂字》的整理、点校，则是为通过研究、编撰乃至导读，提升乡邦文献的社会利用价值。从这个意义上讲，本书的点校出版，不仅使馆藏古籍得以传续利用，变单一展陈为普及传播，还为编印“读书山房系列丛书”开了个好头，必将对全市乃至全省的文化建设起到有益的示范作用。

需要特别指出的是，与别的博物馆相比，山西秀容书院博物馆有两个鲜明的特色，一是依托书院旧址建馆，有着得天独厚的人文历史优势，从而有利于打造忻州古城标志性的文化景观；二是引入了合作机制，由著名收藏家薛喜旺、梁建伟、郭海燕、张冬旭、马玉峰等提供藏品，这既保证了藏品的质量，又为学术研究搭建了良好的平台。《字里家国：清代忻州〈五言杂字〉释义》即将付梓，欣闻该书藏者薛喜旺先生甚为欣慰。我们相信，以此为开端，今后会有更广泛的社会力量投身历史文化的传承与保护，会有更多的“读书山房系列丛书”陆续编印出版。最后，感谢积极推动与支持本书出版的山西省文联领导，感谢为本书编辑、点校付出辛勤劳动的王利民主编以及各位同志。山西秀容书院博物馆谨以传承文脉、继往开来为己任，与诸君共勉。

是为序。

宁志刚　1965 年出生于山西省忻州市忻府区。1985 年大学毕业。历任忻州地区区情研究所所长、忻州市政协办公厅主任、保德县委常委、保德县政府常务副县长、忻州市委党校副校长等职务。公务之余，致力于地方文化传承和乡邦文献研究。倡建元好问怀乡诗碑林、元好问论诗三十首碑廊、元好问词曲碑林、秀容书院博物馆。主编有《翰墨流光：当代著名书法家书顾贞观〈金缕曲〉作品集》《庄磨风物记略》《翠岩山房藏汉晋砖拓百种》等图书。

上 秀容书院

下 游客在观看秀容书院存《五言杂字》

序三

温海波

刘涛先生多年来致力收集、研究山西杂字，近日嘱我为王利民先生主编的《字里家国：清代忻州〈五言杂字〉释义》写一个简短序言，并盼我从学术角度谈谈收集山西地方杂字的意义与价值。我数次提笔却迟迟无法下手，一方面囿于学识所限，另一方面则是由于我意识到学术界与地方文史工作者在对民间历史文献的收集、整理研究方面亟待加强交流与合作。

众所周知，民间历史文献是中国人文社会科学研究的资料来源，它为书写历朝历代普通民众纷繁多姿的日常生活提供了可能，有着一些在中华文明发展史上至关重要的内容。民间杂字自唐宋以来就是民众习见的识字读物，是通过采辑与日常生活相关的常用字汇编而成，主要是为满足普通民众日常交流的基本需求。自 20 世纪 30 年代起，杂字相关的搜集工作就已展开，但进展缓慢；直到 20 世纪 50 年代，语文学界三老之一的张志公才在《传统语文教育初探》附录传统蒙学书目稿，系统列出杂字书目三十一种。

20 世纪 80 年代以来，史学界强调文献解读和田野调查，与普通民众有关的各式史料开始备受瞩目，民间杂字的整理出版也开始涌现。但较之族谱、契约、碑刻等民间历史文献的整理，杂字文献的规模化、系统性的收集才刚起步。归纳而言，以往对杂字的收集整理可分成两类：一为录文整理点校，一为按文本类型或地域分布的影印整理。刘涛、王利民诸先生目前这种杂字释义的方式，既吸纳了过往两种整理办法，又表现出自身的新意——这不仅是抢救性发掘、保存民间杂字，也有助于推广和激活这一传统读物，“以俾旧学焕新知”。

本书书名中有“字里家国”四字，这彰显了整理者的情怀，也与2015年获美国列文森中国研究书籍奖、中华书局2019年出版的何予明教授的《家园与天下——明代书文化与寻常阅读》不无契合之处。该书关注此前鲜受重视的下层书籍，对普通民众阅读、使用的“非经典”文本进行研究，得出这些粗陋的“稗贩”之书使家园与天下相连的结论：一方面，读者通过“识书”明晰自我身份，乃至自身所处的“天下”，书籍左右着读者对于自我以及周遭世界的认知和想象，成为个体与天下的纽带；另一方面，刊行者、刻工、编者等文化中介，亦是将家园与天下连接的纽带。何氏在书中所论明代书籍，是印制粗糙、价格低廉、流传广泛、易于获得之类，并且书中反映的都是普通百姓的寻常事。这些书籍的状貌特征、面向的读者受众，亦如民间杂字；所以说，杂字中也有家国与天下。故此，整理者在这一层面上，与学界不谋而合。

必须说明的是，对此类图书的整理出版亦是地方文史工作者对党的二十大精神的生动贯彻和践行。2022年10月28日，习近平总书记在安阳殷墟遗址考察时提出：“中华民族的形成和发展离不开汉文字的维系。”杂字读物在汉字的推广，尤其是在民间识字普及和文字应用中起到了重要作用——在语文学界、历史学界已形成相对一致的认识：在明清以来的古代中国，这种类型的识字读物与通用的《三字经》《百家姓》《千字文》，既相互区别又相辅相成，共同推进了“文字下乡”的历史进程。换言之，对这类读物的整理、释义，无疑有助于汉字的传承、发展和延绵。

当然，研究者更关心的是，这些并非庙堂典册的整理价值和学术意义。其实，在这方面，研究明清大众文化史无法绕开的大家——加州大学伯克利分校中国研究中心姜士彬（David G. Johnson）教授，在其参与主编的一部著名的论文集《中华帝国晚期的大众文化》中指出："对于理解至少从宋朝之后的中国历史来说，目不识丁者同文人之间的整个交流体系绝对是关键所在，值得研究中国文化史各个领域的学者们密切关注。"所谓"目不识丁者同文人之间的整个交流体系"，就包括了杂字读物。颇具巧合的是，姜氏研究中最重要且精彩的部分正是从对山西的研究，尤其是对晋东南迎神赛社的研究中得出的。

从这种社会文化史角度出发，每种地域性杂字的编写刊印、流通传播和阅读网络，以及与其纵横交错、互相指涉的民间文献网络，都应视作一部村落或地方社会微观的书籍史或阅读史。不但如此，每种杂字中大都还包含诸多礼仪习俗、农业经验等地方性知识。这些文字在忻州《五言杂字》中均有所呈现，其触及的是学界关心且重要的议题——"礼下庶人""农学知识""记账登簿""送法下乡"等等。因此，对地方性杂字文献的整理刊行推动了对明清以降基层社会的识字史、书籍史、出版史的研究，这对于研究传统中国民间的知识社会史也具非凡意义。当然，通过对各种杂字文献的"顺藤摸瓜"，或也能阐释各种民间文献的形成与发展之路。因而，杂字不但是以上所列课题的绝佳研究资料，还是近年来民间历史文献研究的基础性材料。

我曾寄望杂字的整理出版，不论是研究者，还是地方文史工作者，应尽量吸收学界对于民间历史文献收集整理的经验，并在遵循杂字的原生性、完整性和关联性基础上，激发出引人入胜的学术讨论。一是最大限度地保留杂字文献的原生性。不仅要呈现杂字的内容，还要关照文本的物质载体对文本解读的意义，注明杂字的尺寸（纸幅、版框）、纸张、版式、页数、破损情况等，兼顾文献的“文本性”与“物质性”，最大限度地还原文本的原生样态。这些材料不但是书籍史、阅读史的重要线索，还推动着中国古代写本文化、语文学等新兴领域的研究。二是全力维护杂字文献的完整性。说明杂字的收藏地、来源、寻获经过等，尽可能保持文献留存状态，保存文献原有的社会脉络和关系网络。三是寻绎杂字文献的关联性。作为民众识字的入门文献，有着文献自身的特殊性，其“进阶”学习的背后营造必关联系列相关民间文献（账簿、契约、书信等）。通过田野考察，发掘杂字周边的关联性文献，建立相对完整的文献系统，形成多元的关联“史料群”。这三项原则应是杂字展开深度研究的保障。在前两方面，本书做了充分工作，据我所知，第三个方面的工作也正在有序开展，我期待进一步的成果。

总体说来，本书为诸多学界关心而又难以深入探索的议题提供了史料，特别是对捕捉远逝的民众日常生活、知识世界提供了切入点。当然，地方文史工作者创造性传承发展和转化乡邦文化的筚路蓝缕之功，也为研究者走出学术的象牙塔，对普通民众的生活及其精神世界，抱以关注、关怀提供了范例。

温海波，厦门大学历史学博士，江西师范大学历史系副教授。完成国家社科基金青年项目“明清杂字读物与民众识字研究”（优秀结题），省部级课题四项。在《文史》《史学月刊》《清史研究》《安徽史学》等期刊，《光明日报》《中国社会科学报》等国家级报纸发表有文章。部分文章被《中国社会科学文摘》、人大复印报刊资料、《历史与社会（文摘）》转载。

刘涛先生（左）与薛喜旺先生（右）

前言

乾隆年间，忻州董村人杨如梧编纂的《五言杂字》木刻本，由忻州著名收藏家、文史专家薛喜旺先生于 1999 年 12 月 25 日收购于忻州邮局门口的旧书摊。该书现存于秀容书院博物馆“九原文脉”展厅。

木刻本《五言杂字》，高 27.5 厘米，宽 15 厘米，总计 59 页，封面题有“秀容杨先生手著　五言杂字　晋昌西河头村余庆堂存板”字样，有序言一篇，正文 5 字一句，共 1310 句，凡 6550 字，不设类目，所编内容依次为设馆编书、稽考历史、劝学科考、为官一方、解组归里、奇花异草、鸟兽飞禽、世间万象、荣归故里、各色人等、得病抓药、葬俗后事、道德教化、盖房建屋、治办农具、农业生产、经商启蒙、杂货名称、居家生活、婚嫁礼俗、教育子女、作者家世、刊印经过等，内容包罗万象，涵盖民间社会生活的各个方面，实用性强。其与《三字经》《百家姓》《千字文》等正规启蒙读物相辅并行，流行于晋北。

《五言杂字》作为民间识字读本，编写的主要目的是，满足社会普通百姓，如学徒、农民、下层士兵、手工匠人、学生等顺利进行社会交流的需求；内容上选取与日常生活相关的文字，注重实用性，分门别类，音韵和谐，朗朗上口，易学易记，通俗易懂。编撰者充分考虑到民众利用闲暇时间自主学习的情况；因而精心安排全书结构，使得学习本书用时短，收效快，只要花几个月的时间，便可认得两三千常用字，便可从容应对平日诸如记账、写信等生活事务。因此，本杂字在民间广泛流传，深受百姓喜爱。

目前能够见到的 200 多种山西杂字，多是手抄本，大多没有编者姓名及编写时间。大致而言，杂字的作者多是落第文人，落榜后

《五言杂字》的收藏者薛喜旺先生

（薛喜旺，1934年生，柳林县石西村人。1962年毕业于山西大学历史系，后执教于忻县［今忻府区］。业余时间爱好地方文化史料的收藏、研读与编辑。先后有《醉心史考》《醉心文稿》《新秀容诗文存》《陈敬棠诗文辑》《南行诗集》等梓行。在省市报纸杂志上皆有文章发表）

下左　秀容书院博物馆大门
下右　“九原文脉”匾额

成了私塾老师。他们长期深入民间，深知民众的识字需要。杂字大多没有署作者的名字，一来可能是他们觉得通俗读物是“小道”，与“代圣贤立言”的文章没法比，写上名字会降低自己的身份，担心掉了自己的身价；二来可能是起初署了名，但在传抄中佚失。随着时代的变化，杂字的内容也在不断地丰富、更新；所以从某种意义上讲，它也是民间集体创作的结晶。

忻州《五言杂字》的珍贵之处，首先在于其版本独特。这本杂字是乾隆年间的木刻本，目前仅见此一本，有明确的作者、刊印者及刊刻时间，有具体流传的区域，正文前有序言，清楚地交代了编写刊印的经过。在我们目前收集到的山西杂字书中，能够全部具备这些版本要素的，除本书外仅见介休人编写刊刻的《较正方言应用杂字》。

这本《五言杂字》的序言，虽然字数不多，却详细地记录了本书编写及刊刻的经过，同时也见证了忻州两位古代乡贤杨如梧与王喆共同传播启蒙读物的一段佳话。

乾隆丙午年，即公元1786年，热爱旅游的王喆，走出雁门关，到塞外名镇内蒙古丰镇去游玩。他每到一处，不仅去游览名山大川，而且还寻访、结交名人高士。他打听到在丰镇北园村设馆教学的杨先生很有名望，于是前往拜访。两人一见如故，遂成知己。过了八年之后，也就是乾隆甲寅年（1794），王喆再次去拜访杨先生，就是在这次拜访中，他看到杨先生案头有一本《五言杂字》，问起来，才知道是杨先生新近编纂的识字读本。王喆就想抄录一份，公诸同好；但杨先生怕贻笑大方，坚决不同意。在王喆的再三请求与说服下，杨先生终是默许。于是，王喆手抄了一份《五言杂字》，并带回故里定襄县，交给定襄县西河头村庆余堂刊刻出版了这本《五言杂字》，以帮助朋友杨先生传播他的著作，同时也供家乡的民众识字之用。因此可以说，王喆是一位出版家。雕刻书版的时间是乾隆乙卯年（1795），也就是乾隆六十年，这是乾隆当皇帝的最后一年。次年，乾隆将皇位传给他的儿子爱新觉罗·颙琰，改元嘉庆，该书正式印出是在嘉庆丙辰年（1796）。

这本《五言杂字》能够在忻州传播，定襄西河头人王喆功不可没。王喆，字吉双，斋名沱滨草堂。王喆家境富裕，喜欢游览，虽饱读诗文，但并不热衷科举，很有见识。他既了解民间百姓所需，又慧眼识珠，认识到杨先生编纂的《五言杂字》的实用价值，并有经济实力帮助杨先生出版《五言杂字》。而《五言杂字》的出版及广泛传播，为忻州的地域文化发展添上了浓墨重彩的一笔。

对中国文化传承的梳理，常忽视主持文化生产这一关键环节。要知道，若没有崔法珍女士的发宏愿断臂募捐，就没有《赵城金藏》文化巨典的刻造。忻州《五言杂字》能够传承有序，传播久远，传抄、刊刻人王喆起到了重要的作用。王喆在《五言杂字》篇尾自赞了他为《五言杂字》传播的功劳，这正好与序言的内容相印证。

《五言杂字》是忻州庶民教育及民间文化发展脉络中的一环。这本书陈列在秀容书院博物馆“九原文脉”厅，可谓“物得其所”。《五言杂字》经相关媒体报道后，引起全国研究方言杂字专家的关注，他们撰写了多篇研究论文。一本古籍，关注它的人越多，其价值越凸显。

关于作者杨如梧的生平家世，从王喆所写序言及杂字正文中可略知一二。他是忻州董村人，其祖父名杨向阳，清代举人出身；其父杨瑞林，庠生。据《杨氏族谱》载，其祖辈于明代洪武年间从山西代县鹿蹄涧迁到忻州董村镇董村，是杨业的后代。杨如梧从小受家庭的熏陶，阅读古书，颇有见地。他多次参加乡考，均落选，没有取得功名。当时的科举考试竞争异常激烈，乾隆主政的六十年当中，忻州仅有四人考上进士，二十五人考上举人。杨如梧为生活所迫，于清乾隆甲辰年，背井离乡，徒步远至丰镇，在北园村设馆训蒙，当了孩子王，以求生存。

俗语曰“家有五斗粮，不做孩子王”，杨如梧先生走了在口外办私塾这条路，也是当时落第士子的无奈选择、常见出路。而杨先生也因此从书斋走向了更为广阔的社会，同当地各行各业的人相处，真正熟悉了民间生活，了解了当地的风俗习惯、风土人情，洞悉了底层百姓的所思所想、所急所需。为应对当地百姓的识字需求，他编写了识字读物《五言杂字》；而本书作为教材流传至今，成为珍贵的乡贤著作、难得的乡邦文献、重要的教育史料。

杂字类书籍大多是无名氏作品，而杨如梧在书中详细介绍了自己的籍贯、身世，从中可看出他有着超凡的文化意识。他不觉得为村民编写识字课本就是降低身价，他记载下自己的籍贯与身世，正是一种自信的表现——他认为自己编写的《五言杂字》并不比自己写的诗词歌赋差，不仅不差而且很有价值，能够流传久远。

杨如梧先生是清代山西走西口大潮中的一员，不同的是，他既不经商也不耕作，而是搞文化教育工作。他们这些人在口外努力传播先进的商业文明与农耕文化，在一定程度上改变了内蒙古的生产方式、经济结构，提高了当地百姓的文化水平，有力地推动了内蒙古地区的经济发展和社会进步。

杨如梧为内蒙古丰镇编写的《五言杂字》，是一本优秀的蒙学读物，反映了内地与口外的文化交流与融合，为我们研究山西与内蒙古两地识字教育与社会历史文化提供了难得的文献。

忻州《五言杂字》第二个珍贵之处是它有着独特的编写方式。分类编排是所有杂字的编写特点，一般杂字书中类别与类别之间的内容是并列的，类别之间没有多少逻辑关系。而忻州《五言杂字》的编写体例非常特别，是以作者游历及所见所感为线索编写的，这使得整部书犹如一首长篇叙事诗歌。类别与类别之间，以及类别中的若干小节之间，有时间顺序、逻辑关系和情感线条。

比如第一章，作者叙述了他背井离乡，从忻州至丰镇设馆训蒙的时间、原因、遭遇及所思所想，这在时间上以及逻辑关系上都是顺畅的。再比如第二章，作者稽考历史、表彰圣贤，传达了作者的历史观，从茹毛饮血的蛮荒时代写到开启文明时代的重要人物，再到孔子的功绩，这也是以时间为顺序编写的，且重点突出、简明扼要、脉络清楚。其中写到的神农稼穑、伏羲画卦、构居烹饪、结绳记事、书契嫁娶、三坟五典、八索九丘、品尝百草、治市交易、伯益焚山、大禹治水，可以说是整部杂字书的一个提纲。之后编的有关士农工商、建房盖屋、日常饮食、生老病死、婚姻嫁娶等部分，均是对这个总纲的充实与丰富。

第三个珍贵之处在于忻州《五言杂字》内容丰富，具有多重文化价值，可供语言学、民俗学、教育学、社会学等多种学科研究参考。

忻州《五言杂字》是珍贵的民间识字教育史料。我国古代蒙学教材最早有识字类的《仓颉篇》《史籀篇》《急就篇》，其后陆续出现《千字文》《百家姓》《三字经》《神童诗》《名贤集》《千家诗》《龙文鞭影》《声律启蒙》《幼学琼林》等，它们涵盖了识字、诗歌音韵、名言俗语等诸多内容。将忻州《五言杂字》跟全国通用的蒙学读物或其他地方的杂字进行一个细致对比，便能得出忻州，乃至塞北古代蒙学教育文化的实际情况。

忻州《五言杂字》既是一本字书，也是一本小辞书。这本书里记录了二百多年前晋北使用的一些颇有特色的方言词。比如称捏饺子为捏扁食，称打梿枷为打落柯，蚰蜒叫蛐蟮，跳蚤叫虼蚤。类似这样的方俗词语非常多，至今还在使用，山西人读来倍感亲切。深入考释这些方俗词语，对汉语方言学、汉语词汇学、汉语名源学的研究有重要作用。这本《五言杂字》与山西同时期的宝卷、弹词、鼓词以及宗教经文、医书药书等民间文献一样，在文献学上亦有着重要的价值。

《五言杂字》除了具有识字功能外，还有职业教育的功能，它对各行各业都有指导作用，特别是对商业，作用尤其突出。这与明清时期商业之发达有关。随着经济的进一步发展，城镇中出现了大批商人、伙计、账房先生和手工业者，计算成本与利润，购买、出售货品，订立合同契约以及纳税、租赁、借贷等都是从业人员应当具备的职业技能，而通过学习《五言杂字》他们便能获得从业所需的识字量。

如杂字中写道：

能写会算得，才当买卖人。合下好伙计，掌上财主本。
租典赁铺面，立约写合同。股分有整零，主张别副正。

赊欠账目慎，斛斗尺秤公。协力山成玉，同心土变金。

跑东西二京，走苏杭临清。贩奇珍异宝，换铜钞金银。

先是介绍经商的一般常识，涉及经营模式、经商理念、职业道德、行业规则等，给学徒以经商的启蒙——这也正是明清时期山西重商崇商地域文化特点的一种反映与折射。

紧接着大量列举各种杂货的名称：

蜜蜡金刚钻，玻璃土水晶。玛瑙砗磲盏，珊瑚琥珀珍。

晋商经营范围很广，上至绸缎，下至葱蒜，种类繁多，会认会写这些货物名称是小伙计的功课，只有会读会写经营货物的名称了，才能进一步学习商业算术、商业记账等技能。

忻州《五言杂字》真实描绘了晋北人的吃穿住行、风俗习惯、民间信仰等，它像一个旧日时光的储存罐、传统社会的记忆库。晋北是山西小杂粮的重要生产基地，于是杂字书写道：

东冈莜麦长，西岸稻粱成。坡地荞麦收，水地绿豇生。

莜麦和荞麦是晋北的特色作物，“靠山吃山，靠水吃水”，这从书中所记载的百姓饮食风俗便能看出：

和肥头白面，捏扁食点心。蒸稍卖馄饨，烙馎饦馅饼。

扯饊炸雪糕，元宵糯米粽。火烧荡面角，稻米要熏蒸。

拉银系面条，泼茶汤藕粉。米粥饸饹熟，馒头锅盔生。

杂字中提到的这些食物，至今仍是当地百姓餐桌上的美食。在忻州古城还有专门销售这些食物的门店，这些食物也成为招待四方来客的旅游食品。

杂字中有一节，专门讲建房盖屋的过程：先是准备砖瓦木料，再请工匠评估，再找阴阳先生选择吉日，最后才开始盖房。

觅汉筑地脚，雇工夯墙根。竖柱上梁毕，压栈挂拨封。

杂字将盖房的详细工序描写了一遍，还将整个家园的布局，包括花园、水池、猪圈、牛棚、粪坑、水井的位置都详述一遍，从中可了解晋北地区建房时的风俗和居住的特点。

杂字还详细地描述了当地的婚嫁习俗：

女大学针指，男长读书文。匹配婚姻际，招门纳婿辰。
访门当户对，察二姓相同。良缘由天定，佳偶自人成。
请媒婆妁妇，央月老冰翁。说张家允诺，传李氏订盟。
占佳期纳彩，卜吉日定亲。

从中可以了解到，明清时期山西地区的结婚程序。结亲两家要讲究“门当户对”。婚前流程：先是问名，询问女方的姓名、年庚及八字；再是说亲，请算命先生上门当着媒婆的面算男女双方吉凶——若吉，双方亲事敲定；再是纳彩，即定亲；再是定期，即选定结婚日子。婚礼进行中的习俗有：杀猪宰羊备酒席，请乐班吹打，主家招待亲朋，客人来贺喜，请戏班唱戏，检点嫁妆与彩礼。书中所开列的嫁妆非常丰厚，吃穿用度，一应俱全，而且件件成双、物物成对——满是对新婚夫妇的祝福。

《五言杂字》还反映出了晋北人民的道德观念。其道德教化内容以零星散布于正文之中和集中、整块地阐述两种方式来书写。零散阐述，在劝学一节中有这样几句：

入奉父母仪，外受师傅训。剑佩衣冠慎，戏谑谈笑谨。
莫道半句谎，休走一步空。少轻浮妄诞，多忠厚老成。
正年富力强，莫虚度青春。毋错过光景，当寸阴是竞。

教育学生要谨言慎行、踏实求学、珍惜时间。在为官一节的最后写道：“一任清官做，六年俸满辰。”这是关于做官要清正廉洁的教导。在社会生活一节写道：“货真物价实，估料计算清。”

集中、整块地阐述，比如：

急急行方便，速速积阴功。晨昏敬天地，早暮孝双亲。
出门和乡里，在家恭长兄。勿做亏心事，勿贪无义银。
休凭强欺弱，休倚富压贫。莫当公门役，莫做唆挑人。
毋恨天怨地，毋骂雨诃风。宜冤仇解释，须小忿涵容。
当重粟惜福，该恤孤怜贫。勤俭传家宝，忍耐福寿根。

在这些零星或整块阐述中，我们看到忻州人特别注重对道德修为的提升。这种道德教化润物无声，少了些正统教化的陈腐刻板，以一种活泼、淳朴、自然、亲切的方式开展教化，易于为人们所接受。

忻州《五言杂字》的最大特点就是，内容全是平常事，语言全是平常话，没有文饰，也不华美，在实实在在的叙述中教知识，教做人的道理，且都是在识字的过程中自然完成的，就如人呼吸氧气一样自然。因而，我们或可以称之为“呼吸教育”。《五言杂字》中反映出来的思想道德观念如春风化雨、润物无声地滋润着人们的心田，潜移默化地影响着一代又一代山西人的思想道德意识，从而塑造了一方百姓的独特个性与品质。

忻州《五言杂字》真实地反映了当时社会人们的生产与生活状况，同时也反映了忻州人的热爱自然、坚守信仰、尊崇礼俗。文字的背后便是晋北传统社会的核心道德价值观——爱国、敬业、诚信、友善等社会主义核心价值观都能够从中找到其传统文化的根脉。这也是两百多年前的识字读本在当下社会存在的现实意义。而《五言杂字》对我们的启示还在于，在发挥社会主义核心价值观对国民教育、精神文明创建以及精神文化产品创作、生产、传播的引领作用，把社会主义核心价值观转化为人们的情感认同和行为习惯时，可以借鉴杂字如春风化雨般的“呼吸”式“教育”方式。

两百多年前，忻州董村人杨如梧编纂了《五言杂字》，好友定襄西河头村人王喆为他刊印了《五言杂字》；1999 年 12 月，忻州收藏家薛喜旺先生收藏了《五言杂字》孤本，后来又将其捐给秀容书院博物馆。2023 年，忻州市文联启动了《五言杂字》的整理工作，为它配上了图片，配上了方音，做了注释，正式推出了这本

《字里家国：清代忻州〈五言杂字〉释义》，让博物馆中的孤本化身千万，让《五言杂字》又重新回到百姓生活之中。

该书是产生和流传于封建社会的蒙学读物，作者的思想不可避免地有时代局限性，比如因果报应思想、对女性和戏曲艺人的歧视思想等，我们应该辩证地加以对待，取其精华，去其糟粕。

中国优秀传统文化博大精深，对传统文化进行开发、转化的重要性日益凸显。让博物馆里的文化、图书馆里的古籍活起来、火起来，需要我们当代文化工作者贡献智慧，开发出与当代审美与功用相契合的文化产品，这在弘扬中国传统优秀文化的今天，意义重大、使命光荣，任重而道远。

忻州《五言杂字》是山西蒙学读物发展过程中的一朵奇葩，又是一座内容丰厚的宝藏，它全方位地记录了晋北百姓的衣食住行，可以说是忻州地方普通百姓生产、生活的全景图。它不仅是民间识字课本，更是了解忻州传统社会百姓日常生活、传统习俗、思想观念的重要原始材料。由于我们水平有限，在释义的过程中，还有许多不准确的地方，恳请大家多批评指正。

编　例

1. 《五言杂字》原不设类目，为编者注释、读者阅读方便起见，根据杂字的内容，将其分为九章。每章又分为若干小节，小节下又细分为若干段。

2. 对每段的疑难词语进行了注释。为便于读者阅读，不同段的相同疑难词语均在各自段中进行了注释。

3. 对每段的意思进行了疏通。

4. 每章写有小结，对其内容进行阐释。

5. 原书繁体字、异体字均改用规范字，无法对应规范字的保持原字。错字径改，不出校记。

6. 对于原文中不能识别的字，用“□”代替。

目录

雁门关

新镌《五言杂字》原本序言[一]

余性喜游览。乾隆丙午，出雁门，抵丰镇，闻有杨先生者设馆训蒙，往谒之。一见如故，遂留之数日。[2-10]

甲寅再往，适案头有《五言杂字》抄本，一物一名，至详且悉。诘之，则先生所著也。余欲公诸同好，先生恐贻笑大方，固辞。余曰："夏葛冬裘，各有所宜。是虽无当于场屋之用，实为农工商贾之家所急需，正不必沾沾焉秘而藏之也。"先生笑而不答。余即手眷一本，携以归，付诸剞劂，以广先生之传云。先生讳如梧，忻郡董村人。[11-40]

嘉庆丙辰定襄吉双王喆题于沱滨草堂[41-43]

【注释】

1. 镌：刊刻，刻印。
2. 余：我。
3. 性：天性，生性。
4. 乾隆：清高宗爱新觉罗 · 弘历的年号，起于1736年，止于1796年。丙午：1786年。
5. 雁门：雁门关，在山西省代县。
6. 抵：到达。
7. 丰镇：隶属内蒙古自治区，南与山西省大同市新荣区、阳高县相接。

8. 设馆：开设私塾。

9. 训蒙：对幼童进行教学。

10. 谒：拜见。

11. 甲寅：1794 年。

12. 适：恰好。

13. 抄本：抄写出来的书。

14. 至：最。

15. 悉：齐备，齐全。

16. 诘：追问。

17. 公：公开，让……分享。

18. 诸：于。

19. 同好：有相同爱好的人。

20. 贻：留给。

21. 笑：讥笑。

22. 大方：见识广博的人。

23. 固：坚决地。

24. 辞：推辞，拒绝。

25. 葛：一种草，纤维可织布。夏天穿葛布衣服，透气利汗。

26. 裘：皮制的外套。

27. 是：此。

28. 当：适宜。

29. 场屋：士人在参加科举考试时住的屋子。这里指科举考试。

30. 农工：农民和从事手工业劳动的手艺人。

31. 商贾：经商的人。

32. 沾沾：拘泥，执着。

33. 焉：……的样子。

34. 秘：不给人看。

35. 誊：抄写。

36. 付：交付。

37. 剞（jī）劂（jué）：雕刻。指雕版印刷。

38. 广：扩大。

39. 讳：名讳，旧时指已故帝王或尊长的名字。

40. 忻郡：忻州。

41. 嘉庆：清仁宗爱新觉罗·颙琰的年号，起于1796年，止于1820年。丙辰：1796年。

42. 吉双：王喆的号。

43. 沱滨草堂：王喆的斋号。沱滨：滹沱河边。

第一章　设馆训蒙

第一节　口外设馆

【原文】

岁周在甲辰，时值清和临。远游沙漠地，思念华夏中。[1-2]

少小读古书，老大未成名。异方来糊口，他乡课幼童。

【注释】

1. 甲辰：指乾隆甲辰年，即 1784 年。
2. 清和：夏历二月，又一说为农历四月。

【助读】

此段交代了设馆的背景、原因和目的。

【原文】

黉序愧未列，舌耕信优行。无如势多阻，谁想运鲜通。[1-4]

昔闻全违时，素习都背今。不招耕夫讥，便惹牧竖讽。[5-7]

进退狼狈状，去留犹豫形。

【注释】

1. 黉（hóng）序：古代的学校。
2. 舌耕：旧指依靠教书生活。
3. 无如：无可奈何。
4. 鲜（xiǎn）：少。
5. 违时：与时下冲突。
6. 素习：过去学到的东西。
7. 牧竖：牧童。

【助读】

此部分描写了在外教学的艰难与苦楚。

第二节 重教传统

【原文】

在昔卜子夏，长于文学人。设教西河境，移化晋阳郡。[1-2]

谨谨本至道，循循诱斯民。传授号时雨，训导称春风。[3-9]

【注释】

1. 卜子夏：卜商，字子夏，春秋末期晋国人，孔子的学生，擅长于文学（文献知识），曾经在魏国西河授徒讲学。
2. 移化：转移风气。
3. 谨谨：勤恳地。
4. 本：依据。
5. 至道：最根本的思想。
6. 循循：有顺序地，有条理地。
7. 诱：诱导。
8. 时雨：及时雨。
9. 训导：教诲开导。

【助读】

子夏是作者的精神寄托与榜样。

卜子夏

【原文】

先辈凭肄业，后学赖训蒙。千载不易法，万古必由根。[1-3]

因甚延至今？怎么才嫌憎？历久知土俗，永远醒人情。[4-6]

【注释】

1. 肄业：修习课业。

2. 训蒙：启蒙，教育儿童。

3. 易：改变。

4. 延：延续。

5. 怎么：为什么。

6. 嫌憎：反对，否定。

【助读】

此部分讲述教育的功能及重要性。

村童闹学图　　清·佚名

第三节 编写宗旨

【原文】

关南立科场，塞北缺考棚。重财轻礼义，背书务庄农。[1-4]

第见耕中利，莫晓书内金。每存欲速念，常怀畏难心。[5-11]

【注释】

1. 关南：内蒙古一带人称山西中南部人为关南人，意指雁门关以南的人。
2. 科场：考场，科举考试的场所。
3. 考棚：考场。
4. 背书：放弃读书。
5. 第：只是。
6. 莫：指没有人。
7. 晓：明白，知道。
8. 每：经常，总是。
9. 欲速：指想要快速实现目的。
10. 念：想法。
11. 畏难：畏惧困难。

【助读】

此部分讲的是塞北地区人民普遍重财轻礼义，没有读书学习的氛围。

【原文】

既无远大志，又少恒久功。富读六七载，贫则两三冬。

只管眼前事，些小不央人。古籍虽多备，俱嫌不捷径。[1-4]

【注释】

1. 些小：细小，微小。
2. 央：求助。
3. 备：具备，齐备。
4. 俱：全，都。

【助读】

此部分写塞外的人不注重读书。

【原文】

反复窃自计，造作浅见门。弗须大功夫，应用甚无穷。[1-5]

抄录诸书字，编述五言经。惭缺篇章格，羞少助语文。[6-9]

非徒露才华，原为启童蒙。[10-13]

【注释】

1. 窃：暗中，偷偷地。

2. 计：思量。

3. 造作：指编写《五言杂字》。

4. 浅见：浅陋的见解。这是作者自谦之词。

5. 门：门径，做法。

6. 惭：惭愧。

7. 缺：缺少。

8. 格：格调，品位。

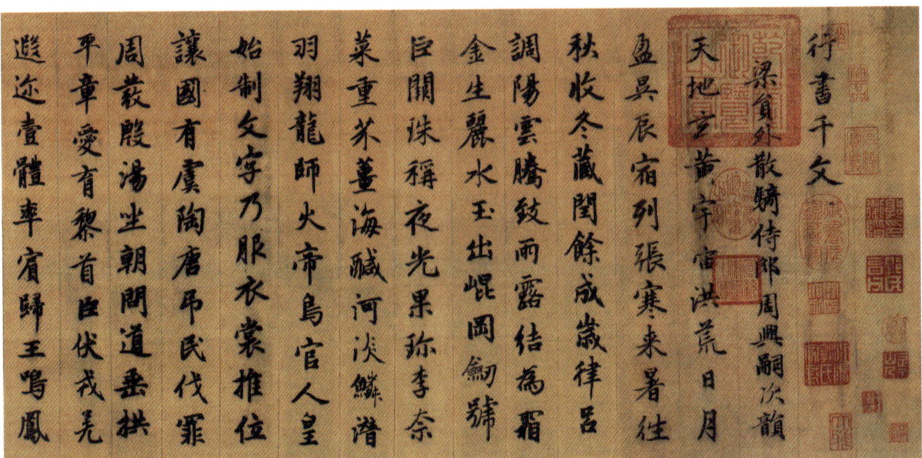

行书千字文（局部）　　元 · 赵孟頫

9. 助：助益，对……有帮助。

10. 徒：只是。

11. 露：显露。

12. 启：开导。

13. 童蒙：未经学习的儿童。

【助读】

此部分为作者杨如梧谈编写目的：不是为了显露才华，只是为了启发儿童。

〖总结〗

杨如梧参加科举考试，多次落榜。为了生存，他背井离乡，从忻州董村徒步到塞北丰镇，设馆训蒙。

塞北沙漠之地，也是文化蛮荒之地，设馆教学的杨如梧不仅没有得到应有的礼遇，反而还遭到牧民、耕夫的嘲讽。他处境狼狈，犹豫着是否回去。但他想到了孔子的学生子夏设馆教学、化育一方的事迹。孔子去世后，子夏在魏国西河地区从事教育活动，担任魏文侯之师，在三晋地区广泛传播其学说。杨先生终于找到了自己的榜样。

杨如梧在文中叙述了写这本书的原因、目的。重视读书是一个民族向文明化迈进的必由之路，他心中树立起一个崇高的理想，要做教化民众的工作。于是他参考众多杂字书，结合当地人的日常生活，编写了供他们学习识字所用的这本《五言杂字》。

墨法集要图卷（局部）

清·徐扬

第二章　表彰圣贤

第一节 蛮荒

【原文】

稽太荒宇宙，考混沌乾坤。叙上古由来，表历圣德功。[1-4]

洪水横流际，兽畜共生民。谁知服布帛？孰晓食炊蒸？[5-8]

夫妇胡匹配，男女乱交逢。毛血曾饮茹，巢窟且容身。[9-10]

尽是龙蛇穴，皆成草木林。倘非历代治，都与鱼鼈同。[11]

【注释】

1. 稽：考查。
2. 太荒：广大而遥远。
3. 考：考查。
4. 混沌：传说开天辟地时，天地间模糊一团的状态。
5. 服：穿。
6. 孰：谁。
7. 晓：明白、知道。
8. 炊蒸：指熟食。
9. 毛血曾饮茹：指茹毛饮血，意为人类曾经连毛带血地生吃鸟兽。
10. 巢窟：指鸟兽栖身之处。
11. 鼈：同“鳖”，形状像龟，背甲上有软皮。

【助读】

此部分描写了远古时期的蛮荒状态。

第二节 治世

【原文】

花有重开日，世无久不清。盘古天地辟，女娲三才分。[1-5]

神农稼穑祖，伏羲八卦宗。干支昼夜别，构居烹饪兴。[6-13]

结绳野处息，书契嫁娶定。三坟五典作，八索九丘成。[14-20]

尝草药医留，治市交易通。伯益焚山泽，禹甸水土平。[21-23]

渐渐颇成世，略略少像人。

【注释】

1. 清：清明，指社会政治状况良好。
2. 盘古：神话中开天辟地的创世神。
3. 辟：开辟。
4. 女娲：神话中创造人类的女神。
5. 三才：指天、地、人。
6. 神农：对农业、医药的发展做出巨大贡献的一位远古时期的君主。
7. 稼穑：农业生产。稼：种植。穑：收获。
8. 伏羲：上古时期的一位君主，据说是八卦的创始人。
9. 八卦：《周易》中八种三画卦的总称。它们分别是：乾（☰）、坤（☷）、震（☳）、巽（☴）、坎（☵）、离（☲）、艮（☶）、兑（☱）。
10. 宗：创始人。
11. 干支：这里指古时的一种纪时方法。用天干（甲、乙、丙、丁……壬、癸）和地支（子、丑、寅、卯……戌、亥）配合，组成“甲子、乙丑、丙寅、丁卯”等，用来标记时间。

12. 别：区别。

13. 构居：建造房屋。

14. 结绳：在文字产生前，用绳索打结，作为一种记事的方法。

15. 息：结束。

16. 书契：文字。

17. 三坟：据说是三皇（伏羲、神农、黄帝）时代的典籍。

18. 五典：据说是五帝（少昊、颛顼、高辛、尧、舜）时代的典籍。

19. 八索：据说是讲述八卦的古书。

20. 九丘：据说是记载九州风物的古书。

21. 伯益：上古帝王禹的一位大臣，曾经焚山烧泽，驱散猛兽毒蛇。

22. 禹甸：禹管辖的地域。指中国。

23. 平：指被治理好了。

【助读】

这部分是总纲，谈到先民发明了农业，创造了哲学、文化，懂得了医药、经商、建房、烹饪、文字，建立了婚姻制度。从此，人们从野蛮进入了文明时代。

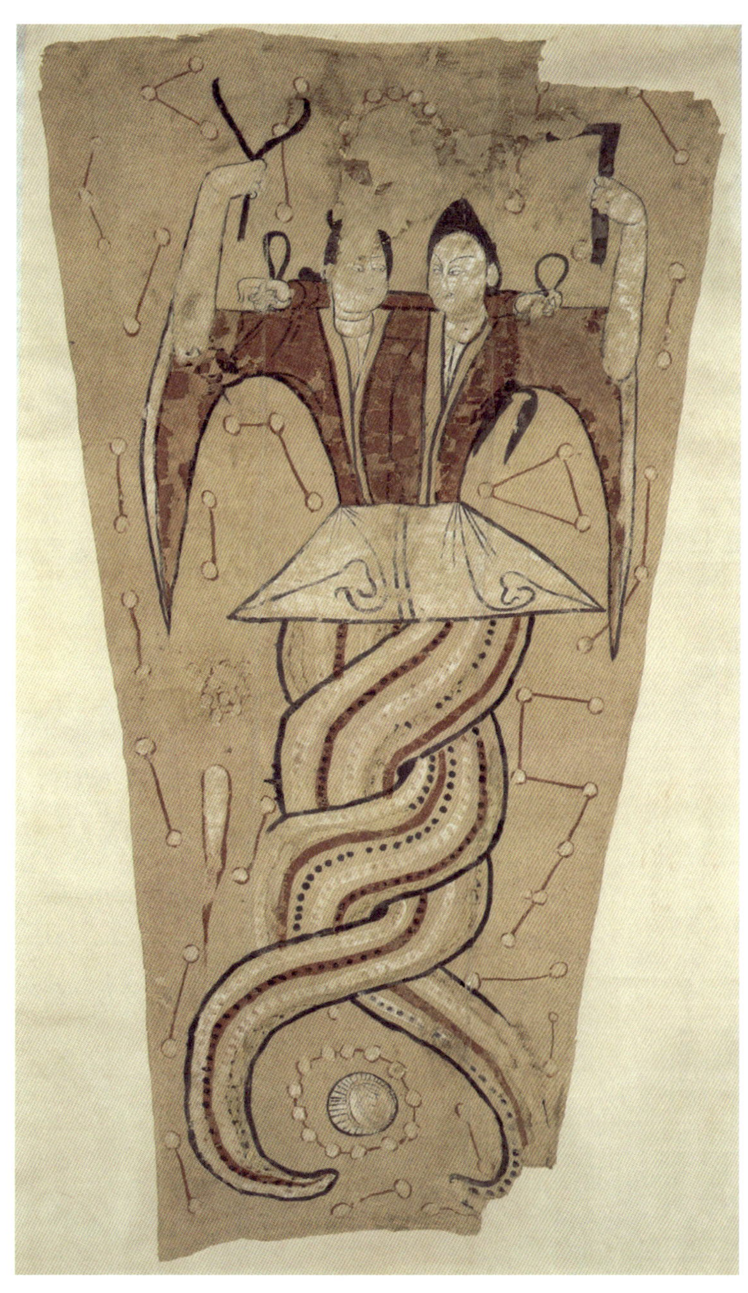

伏羲女娲像

唐·佚名

第三节 孔子

【原文】

列国圣人出，东鲁仲尼生。始诲君臣义，再训父子亲。[1-5]

严别长幼序，肃正尊卑分。折衷千古典，广识异物名。[6-8]

删赞诗书易，修作春秋成。乱臣贼子惧，篡国谋位停。[9-12]

【注释】

1. 列国：指春秋战国时的各诸侯国。
2. 东鲁：指春秋时期的鲁国，在中国东部。
3. 仲尼：孔子，名丘，字仲尼。
4. 诲：教导。
5. 训：教导。
6. 别：区别，区分。
7. 肃正：使……规范。
8. 折衷：使……适中。
9. 删赞：整理典籍。删：删除。赞：点评，润饰。
10. 诗书易：指《诗经》《尚书》《周易》，它们都是经孔子整理而传授的古籍。
11. 修作：编写。
12. 春秋：鲁国史官编写的史书，名为《春秋》，后经孔子重编，贯彻了儒家的理念。

【助读】

此部分讲述孔子的贡献。

孔子圣迹图 · 退修诗书（彩绘绢本）　　明 · 佚名

【原文】

本欲救生民，道大世莫容。因设党庠序，故立乡学宫。[1-4]

东壁图书府，西园翰墨林。四方往肄业，两间来习文。[5-10]

诵诗闻国政，讲易见天心。[11-14]

【注释】

1. 容：接受。

2. 党：乡党，乡间。

3. 庠序：学校。

4. 学宫：学校。
5. 东壁：星宿名。古人认为此星主管文籍，为天下图书之府。
6. 府：库。唐张说《恩制赐食于丽正殿书院宴赋得林字》：“东壁图书府，西园翰墨林。”
7. 西园：三国时曹操建造的一处园林，在今河北临漳西，其经常与文士在此宴会。
8. 翰墨林：笔墨之林。比喻文人汇集之处。
9. 两间：指天地之间，人间。
10. 习文：学习文化。
11. 诗：指《诗经》，中国最早的一部诗歌总集。张说《恩制赐食于丽正殿书院宴赋得林字》：“诵诗闻国政，讲易见天心。”
12. 讲：研习。
13. 易：指《周易》，一部讲述占卜吉凶的书。
14. 天心：天的意旨。

【助读】

此部分讲孔子设立学校，教育学生，四方之人前来学习的情景。

先师孔子行教像（拓片）

唐·吴道子

【原文】

口授指麾切，耳提面命真。纲常名教著，高低贵贱明。[1-6]

群英普天降，诸贤遍地兴。得道七十二，闻教三千整。[7-12]

【注释】

1. 指麾：指挥，指示别人行动。
2. 切：真切。
3. 耳提面命：指提着他的耳朵，当面告诉他。
4. 纲常：指三纲（君臣、父子、夫妻）五常（仁、义、礼、智、信）。
5. 名教：指儒家的观念与处世规则。
6. 著：彰显。
7. 群英：众多的优秀人才。
8. 诸贤：各位优秀人才。
9. 得道：学到了根本的道理。
10. 七十二：指孔子的七十二位优秀学生。
11. 闻教：指接受了孔子的教导。
12. 三千：据说孔门共教过三千名学生。

【助读】

此部分赞扬孔子的教育实践。

【原文】

至德参天地，神功冠古今。泽厚流光远，恩重扬名深。[1-5]

刑仪百王范，师表万业世钦。累朝享盛祭，历代赠褒封。[6-11]

遗留规矩正，传授恩义深。

【注释】

1. 德：道德，品行。
2. 参：与……并列，与……等同。
3. 功：功德。
4. 冠：在……中位居第一。
5. 泽：恩惠，恩泽。
6. 刑仪：指行为。
7. 范：榜样。
8. 师表：表率，榜样。
9. 钦：敬佩。
10. 累朝：历朝，历代。
11. 褒封：美好的封号。

【助读】

此部分写孔子对后世的深刻影响。

〖**总结**〗

本章第一节写蛮荒时期，世界混沌一片，洪水横流，人类过着茹毛饮血的生活。

本章第二节可看作是本书的总纲，其颂扬了中国古代为社会进步做出重要贡献的历史人物，介绍了农业、医药、建房等方面的开创者。

本章第三节表彰了孔子的种种功业。孔子是中国伟大的思想家、教育家，是儒家学派的领袖，而儒家思想则是中国传统文化的主流思想，对后世的影响是全面而深远的。

第三章　为官一方

第一节　劝学

【原文】

别行忌胜师，他术怕过宗。惟有圣道高，只是文教公。[1-7]

读书无价宝，鸿儒席上珍。片章退万兵，一字值千金。[8-9]

三教儒当头，四民士居尊。万般皆下品，第一让书生。[10-12]

【注释】

1. 别行：其他行业。
2. 忌：顾忌，怕。
3. 胜师：超过老师。
4. 过宗：超过宗师。
5. 圣道：指儒家思想。
6. 文教：指文明教化。
7. 公：指天下共享。
8. 鸿儒：博学的人。宋汪洙等《神童诗》：“学乃身之宝，儒为席上珍。”
9. 一字值千金：《增广贤文》卷一载“读书须用意，一字值千金”一语。
10. 三教：指儒家、佛家、道家。
11. 四民：指士、农、工、商。
12. 万般皆下品：出自汪洙等《神童诗》：“万般皆下品，惟有读书高。”

【助读】

此部分讲读书的重要性和士的地位。

【原文】

车胤故映雪，孙康因囊萤。李密曾挂角，买臣常负薪。[1-8]

凡尔受业者，都该照样行。入奉父母仪，外受师傅训。[9-10]

【注释】

1. 车胤：字武子，东晋南平（治今湖北公安北）人，自幼聪颖好学，因家中贫穷，夜间没有点灯的油，便用袋子装上几十只萤火虫照明，夜以继日地读书。
2. 映雪：指借雪光照亮。
3. 孙康：出生于东晋，主要活动在南朝宋时，祖籍太原。年少时，因家中贫穷，夜间没有点灯的油，便借着雪的光亮读书。
4. 囊：用口袋装。
5. 萤：萤火虫。原本是车胤囊萤，孙康映雪，作者因疏忽而写反了。
6. 李密：字玄邃，隋朝辽东襄平（今辽宁辽阳）人。李密勤奋好学，有一次他骑着牛出门去找朋友，将一函《汉书》挂在牛角上，边走边读。
7. 买臣：朱买臣，字翁子，西汉会稽郡吴县（今江苏苏州）人。朱买臣家里贫穷，靠卖柴为生，他总是一边担着柴走，一边背诵书籍。
8. 薪：柴。
9. 受业：跟随老师学习课业。
10. 入：在家。

【助读】

此部分列举了四位勤奋读书的典型，借此教导人们要孝顺父母，听从老师的教诲。

朱买臣负薪读书图（局部）

明·石锐（传）

【原文】

剑佩衣冠慎，戏谑谈笑谨。莫道半句谎，休走一步空。[1-5]

少轻浮妄诞，多忠厚老成。

【注释】

1. 佩：指悬挂在腰带上的玉饰组件，行走时它们会因碰撞而发出声音。
2. 慎：慎重。
3. 戏谑：用诙谐有趣的话开玩笑。
4. 谨：谨慎。
5. 休走一步空：指做事要踏踏实实。

【助读】

此部分强调对待学习与生活，要保持踏实、端正、谨慎的态度。

【原文】

正年富力强，莫虚度青春。毋错过光景，当寸阴是竞。[1-5]

倘父母衰老，或儿女麻林。身负千斤担，肩荷一家任。[6-9]

那时悔便迟，想读万不能。及时快潜修，乘机好发愤。[10]

【注释】

1. 莫：不要。
2. 毋：不要。
3. 寸阴：短暂的光阴。
4. 是：结构助词，连接提前的宾语和之后的动词。
5. 竞：争取。南朝周兴嗣《千字文》："尺璧非宝，寸阴是竞。"
6. 倘：假如。
7. 麻林：形容众多。
8. 荷：扛，担。
9. 任：担子。
10. 潜修：默默地学习。

【助读】

此部分意在劝人珍惜时光、努力读书。

【原文】

早晚须温故，朝夕要知新。词意详讲究，笔画要分明。[1-3]

草稿涂抹就，字样誊抄真。写真草隶篆，看典谟训经。[4-8]

【注释】

1. 温故：学习历史知识。
2. 知新：懂得当代社会的实际情况。
3. 讲究：探讨，研究。
4. 涂抹：或指书写。
5. 就：完成。
6. 誊抄：誊清，抄写。
7. 真草隶篆：指正楷、草书、隶书、篆书四种字体。
8. 典谟（mó）训经：代指儒家经典。《尚书》中有《尧典》《皋陶谟》《伊训》等篇目。

【助读】

此部分强调学习要勤奋认真、一丝不苟。

1. 楷书（唐柳公权《玄秘塔碑》局部） 2. 草书（明董其昌《吕仙诗卷》局部） 3. 隶书（汉《曹全碑》局部） 4. 篆书（清吴昌硕《小戎诗册》局部）

【原文】

勿推己鲁钝，勿让人捷敏。毋畏难苟安，毋执滞不通。[1-6]
莫效腐儒念，莫作呫哔声。[7-8]

【注释】

1. 推：推托，找借口。
2. 鲁钝：愚昧，迟钝。
3. 让：推崇。
4. 捷敏：敏捷，聪明。
5. 苟安：苟且偷安。
6. 执滞：固执，拘泥。
7. 腐儒：迂腐的儒生。
8. 呫（tiè）哔（bì）：念诵。指机械地读书。

【助读】

此部分批评了学习过程中六种不应该有的态度。

孔子圣迹图·删述六经（彩绘绢本）

【原文】

交贡监生员，会廪膳举人。尊博古通今，友直谅多闻。[1-10]

学堪攀丹桂，志足步青云。切磋箴规就，琢磨濡染成。[11-20]

指日栋梁材，霎时舟楫用。[21-22]

【注释】

1. 交：交往。
2. 贡：指贡生。科举时代，被府、州、县选中的升入京城国子监读书的优秀生员，称为贡生。
3. 监（jiàn）：指监生，在国子监读书的生员。
4. 会：交往。

5. 廪膳：指公家发给在学生员的膳食津贴。
6. 举人：明清两代，参加乡试而中榜的生员。
7. 友：选择……的人做朋友。
8. 直：指正直的人。
9. 谅：指守信用的人。
10. 多闻：指知识广博的人。《论语》："友直，友谅，友多闻，益矣。"
11. 堪：能。
12. 攀丹桂：指科举中榜。旧时称科举中榜为折桂。
13. 足：可以。
14. 步：行走。
15. 青云：天上。代指朝廷。
16. 切磋：喻指研讨学习。加工骨头叫切，加工象牙叫磋。
17. 箴规：劝导，规劝。
18. 就：成就。
19. 琢磨：喻指钻研学问。加工玉和石头叫琢磨。
20. 濡染：熏陶，受影响。《诗经·卫风·淇奥》："如切如磋，如琢如磨。"
21. 指日：不久，可以期待的日子。
22. 霎时：极短的时间。
23. 舟楫：船和桨。喻指朝廷的执政大臣。

【助读】

此部分叙述学习的方法，并且指出要结交博学多才的人，多和他们切磋交流。

第二节 考中

【原文】

十年寒窗苦，三场文章精。圣朝开大典，察院开选门。[1-2]

考试中式取，科甲元亚定。游泮荐贤书，雁塔更题名。[3-8]

状元榜眼第，翰林进士公。蟾宫折桂枝，琼林宴皇封。[9-15]

荣宗耀先祖，光前裕后昆。姓氏驰天下，声誉播里邻。[16-20]

【注释】

1. 三场：科举考试分为乡试、会试、殿试三级。乡试为省一级考试，每三年考一次，考三场。第一场考八股文，从四书五经中选择材料出题；第二场考官场应用文；第三场考策问，要求就具体的治国民生问题给出具体对策和方法。
2. 察院：院试的考场叫察院。
3. 中式：被录取。
4. 科甲：科举。
5. 元亚：指科举考试名次的第一、第二名。
6. 游泮（pàn）：经州县考试录取为生员者就读于学宫，称为游泮。泮即泮宫，西周诸侯所设的大学。
7. 贤书：举荐贤才的名录。
8. 雁塔更题名：即雁塔题名，旧时为考中进士的代称。唐代时，考中进士者在大雁塔下题写名字。
9. 状元：第一名进士称为状元。
10. 榜眼：第二名进士称为榜眼。
11. 第：次序。
12. 翰林：皇帝的文学侍从官员。

进士匾额

13. 蟾宫折桂枝：即蟾宫折桂，攀折月宫中的桂枝，比喻科举中榜。

14. 琼林：宋朝时，天子在琼林苑赐宴新进士。后世沿用其名。

15. 皇封：指皇帝赐予官职。

16. 光前：给祖先增光。

17. 裕：给……造福。

18. 后昆：后代，子孙。

19. 驰：快速传播。

20. 播：传扬。

【助读】

此部分讲述经过寒窗苦读，科举考中之后的荣耀。

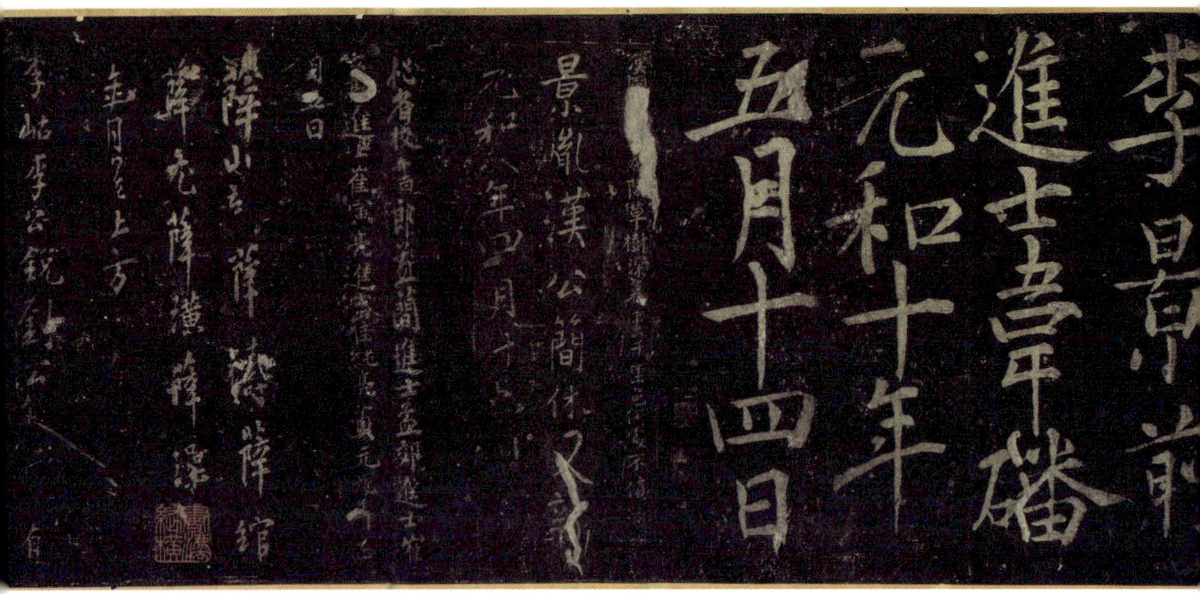

慈恩寺雁塔唐贤题名卷（宋拓·局部）

观榜图卷（局部）

明 · 仇英

第三节 为官

【原文】

上系君王用，下管万户民。在朝六部卿，离京八府巡。[1-4]

轿舆车未驾，转牌报先临。逢山开路走，遇河搭桥行。[5-7]

到州备公馆，过县接官厅。堠墩鸣锣侍，烽燧击鼓迎。[8-10]

【注释】

1. 系：关涉。
2. 六部：中央行政机构中六个部门的总称。从隋代开始，国家设立吏、户、礼、兵、刑、工六部。
3. 卿：朝廷的高级官职。
4. 八府巡：指八府巡按，此为民间俗称，正式官衔是监察御史，分巡各省称巡按御史。
5. 轿舆：轿车。一种供人乘坐的有篷顶的马车。
6. 转牌：指预先向沿途发布的通知。
7. 临：来到。
8. 接官厅：中国古代地方官员迎接上级官员入城的礼仪场所，一般建在官道入城的边界处。
9. 堠墩：指边境上设立的军事据点。原文疑误将“堠墩”写为“堠墩”。
10. 烽燧：烽火。有敌情时，在山峰上点燃烟火，向内地报警。

【助读】

此部分写做官后十分风光的情形。

烽火台

【原文】

领了斩杀剑，挂上总督印。文武齐管属，军民都统中。[1-2]

掌予夺举措，秉劝赏黜陟。操罢替用舍，握委署降升。[3-9]

鉴赃官滑吏，察冤庶屈民。除素餐尸位，授建立功勋。[10-13]

【注释】

1. 总督：明清时管辖一省或数省行政、经济、军事的长官。
2. 都统：指全部管理。
3. 予夺：给予和剥夺。
4. 秉：掌管。
5. 劝赏：奖赏。
6. 黜陟：官吏的升降。
7. 罢替：罢免和撤换。
8. 用舍：任用或罢免。
9. 委署：任命，任用。
10. 鉴：分辨。
11. 赃官滑吏：贪赃枉法的官吏。
12. 冤庶屈民：遭受了冤屈的庶民。
13. 素餐尸位：即尸位素餐，指占着职位，什么事也不做。

【助读】

此部分叙述高官的职权：管理文武，统领军民，掌管官吏升降，体察百姓冤屈。

【原文】

访贪赃卖法，查受贿容情。究昧债抗账，断夺利争名。[1-4]

路逢邀劫案，图财致命冤。田产界畔票，忤逆生忿呈。[5-10]

【注释】

1. 访：调查。
2. 容情：指徇私舞弊。
3. 昧债：指赖账。
4. 抗账：指拒不还债。
5. 邀劫：指拦路抢劫。

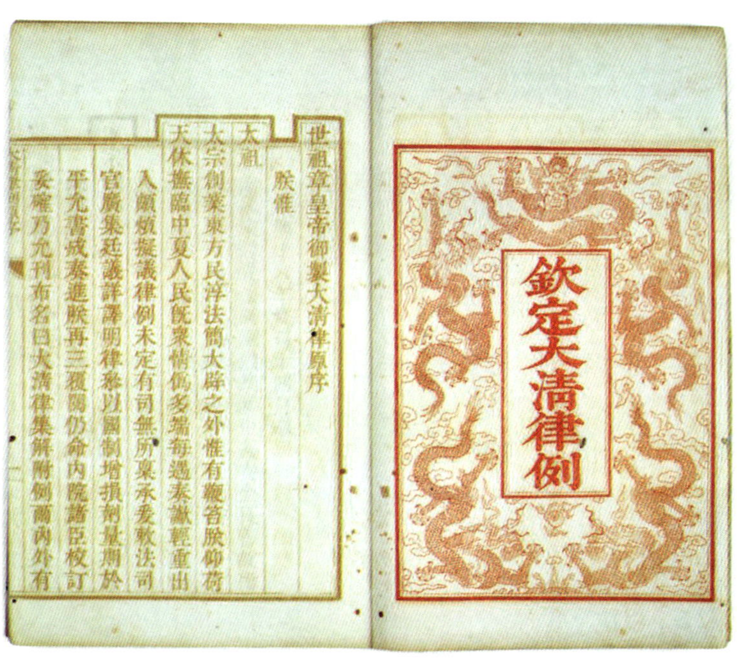

欽定大清律例

世祖章皇帝御製大清律原序
朕惟
太祖
太宗創業東方民淳法簡大辟之外惟有鞭笞朕仰荷
天休撫臨中夏人民既眾情偽多端每遇奏讞輕重出
入頗煩擬議律例未定有司無所稟承爰敕法司
官廣集廷議詳譯明律參以國制增損劑量期於
平允書成奏進朕再三覆閱仍命內院諸臣校訂
妥確乃允刊布名曰大清律集解附例爾內外有

《钦定大清律例》书影

6. 界畔：土地的边界。

7. 票：凭证，契约。

8. 忤逆：晚辈不孝顺长辈。

9. 生忿：争端，怨怒。

10. 呈：出现。

【助读】

此部分描写官员要处理的日常事务。

审判

【原文】

沿道问词讼，到处判冤恨。越诉笞五十，诬告加三等。[1-4]

误伤凭例断，谋杀依律定。活罪减等赦，死囚该偿命。[5-7]

威逼寻刎缢，羞愧付秽鸩。捕捉反寇贼，找擒叛亡民。[8-12]

【注释】

1. 词讼：指诉讼。

2. 越诉：指越级上诉。

3. 笞：用鞭、杖等抽打。

4. 诬告：捏造事实，伪造证据，告状而陷害他人的行为。

5. 例：律法。

6. 活罪：不该判死刑的罪行。

7. 等：级别。

8. 刎：用刀割脖子。

9. 缢：勒死，吊死。

10. 鸩：毒酒。

11. 反寇贼：谋反的贼寇。

12. 叛亡民：叛乱、逃亡的百姓。

【助读】

此部分讲述官员有依法判案及维护社会治安的职责。

【原文】

刑杖审曲直，夹棍验假真。要命刽子手，吞人虎牢门。[1-2]

手扭共脚镣，枷锁共铁绳。绞斩徒流杖，杀剐刺充军。[3-11]

【注释】

1. 刑杖：行刑用的棍棒。
2. 夹棍：一种刑具，用两根木棍做成，行刑时用来夹挤犯人的腿。
3. 手扭：手杻。手铐类的刑具。
4. 脚镣：套在脚腕上的铁箍，中间用铁链相连。
5. 枷锁：指枷和锁两种刑具。
6. 徒：指徒刑，服劳役。
7. 流：指流刑，将犯人遣送到边远地方去服劳役。
8. 杖：指杖刑，用棍棒打。
9. 杀：斩首。
10. 剐：一刀一刀地割犯人的肉，慢慢将其杀死。
11. 充军：罚犯人到边远地区服苦役或当兵。

【助读】

此部分介绍对罪犯的处罚方式。

【原文】

南监强劫盗，北狱抢窃雄。羑里商异号，囹圄秦别名。[1-3]

炮烙铜铸柱，虿盆酒池成。如再不承招，还加别样行。[4-7]

割鼻燎耳根，刖足剜眼睛。篐椤伤骨肉，簳靠痛连心。[8-12]

人心似铁虚，官法如炉真。吓得魂魄散，唬得胆战兢。

【注释】

1. 羑（yǒu）里：古地名，在今河南汤阴一带。商朝末年，纣曾经将周文王关押在那里。
2. 异号：（对监狱的）不同称呼。
3. 囹圄：监狱。（按：目前尚无证据表明“囹圄”作为监狱的另一种叫法是从秦代起始的。）

4. 炮烙：一种酷刑。
5. 虿（chài）盆：据说是商纣时的酷刑，将人放入有大量毒蛇毒虫的坑中，任其噬咬。
6. 酒池：据说商纣十分奢侈挥霍，用酒注满水池。
7. 承招：认罪招供。
8. 割鼻：劓刑，将鼻子割掉。
9. 燎：火烧。
10. 刖（yuè）足：把脚砍掉。
11. 簎拶（zǎn）：可能是指代各种刑具。原文疑误将簎拶写为簎椤。
12. 簳（gǎn）靠：可能是指代施加刑罚。

【助读】

此部分介绍各种刑罚。

【原文】

昼审有限事，夜断无头情。奸淫批拘究，偷盗准缉讯。[1-4]

斗殴凭伤论，赌博依贼问。投首干自身，检举累旁人。[5-12]

先来看供状，后到有诉呈。原被两边辨，证见一旁听。[13-15]

【注释】

1. 无头：指无头案，没有调查线索的案件。

2. 情：案情。

3. 拘究：指拘押审查。

4. 缉：指捉拿审讯。

5. 论：处理。

6. 博：原文疑误将此字写为“传”。

7. 依：按照。

8. 贼：盗贼。

9. 问：审讯。

10. 投首：指投案自首。原文疑误将“投首”写作“投受”。

11. 干：关涉。

12. 累：连及，连带。

13. 诉呈：诉状。

14. 原被：指原告和被告。

15. 证见：证人。

【助读】

此部分讲述有关案件审判的情况。

【原文】

追赃寄府库，罚钞填仓廪。拉扯跪丹墀，妥完出衙门。[1-8]

胜负执法处，输赢跟理评。贿赂全不受，恳乞永不容。[9-10]

升堂云梆击，退室钟鼓鸣。一任清官做，六年俸满辰。[11-13]

【注释】

1. 追赃：追查并收缴赃款赃物。
2. 寄：存放。
3. 府库：公家的仓库。
4. 罚钞：罚款。
5. 填：指充公。
6. 仓廪：指仓库。原意为粮仓。
7. 丹墀：宫殿前的红色台阶及台阶上的空地。这里指衙门厅堂的台阶。
8. 妥完：指事情处理完毕。
9. 处：处理。
10. 恳乞：请求，求情。
11. 云梆：指云板，报事之器，用来传令或召集民众。
12. 退室：指办公结束回到家中。
13. 俸满：官吏任职满一定年限后，按惯例或升迁或调任。

【助读】

此部分讲为官要依法办事，要做一名清官。

〖总结〗

本章第一节便提出士农工商“士居尊”，“万般皆下品”的观点，从而引出下文的劝学，强调了读书的重要性。之后，通过列举勤奋读书的榜样，点明学习态度以及学习方法的重要性。最后讲要结交好的朋友，切磋琢磨、交流学习，只有这样，日后方可成栋梁之材。

第二节与第一节的内容紧密关联，讲经过十年寒窗苦读，通过三场考试中举，做了官的那些学子，既可荣耀先人祖宗，又可光耀后代子孙，名字天下闻名，美谈在邻里间传播。从古至今，人们一直有“寒门出贵子”的观念，相信知识可以改变命运。“朝为田舍郎，暮登天子堂”，说的就是通过科举改变命运的故事。

第三节讲中举后如何做官。“为官一任，造福一方”，上要为君王着想，下要管理好百姓，手握官员的升降大权，细心察访庶民的冤屈。除此之外，还具体介绍了依律审理案件、判断罪名的情况。

鸣弦泉图（局部）

清·梅清

第四章　解组归里

第一节 花草鸟兽

【原文】

解组归故里，致政还原郡。渡河逾关津，跨海过山林。[1-4]

披星戴月走，栉风沐雨行。水雇船舵舟，旱觅骡马乘。[5-6]

【注释】

1. 解组：辞去官职。组，官员系印的带子。
2. 致政：辞官退休。
3. 逾：越过。
4. 关津：水陆交通必经的要道。
5. 栉风沐雨：顶风冒雨。
6. 舵：船上控制方向的一种装置。

【助读】

此部分描写辞官回乡的情形。

【原文】

看奇花异草，见鸟兽飞禽。孔雀戏牡丹，鹭鸶弄莲红。[1-2]

乌燕空中绕，白鹊树间声。石榴橘榧嫩，芍药玫桂芬。[3-4]

丁香大熟气，腊梅早迎春。芙蓉菊海棠，刺梅荷水莲。[5-6]

月季合玉簪，碧桃共紫荆。金盏茜草艳。莴苣木槿森。[7-10]

浮萍玉兰香，莳萝金钱藤。粽叶芭蕉扇，菖蒲茱萸馨。[11-14]

鸡冠灵芝瑞，海囊山丹菁。蝴蝶穿花舞，蜜蜂采蕊心。[15-17]

【注释】

1. 鹭鸶：一种水鸟，羽毛为纯白色，头顶有细长的白羽。

2. 弄：戏，玩。

3. 榧（fěi）：一种常绿乔木，其种子有很硬的壳，可供食用。

4. 玫桂：原文疑误将“玫瑰”写为“玫桂”。

荷花

蜀葵

牡丹

鸡冠花

5. 熟气：指蜀葵，别称一丈红、大蜀季。

6. 刺梅：指铁海棠，其茎密生硬而尖的锥状刺。

7. 玉簪：又名白萼、白鹤仙。花苞质地娇莹如玉，状似发簪。

8. 碧桃：一种观赏桃花，色彩鲜艳。

9. 茜草：一种多年生藤本植物。

10. 莴苣：一种蔬菜。

11. 浮萍：一种水生植物，浮在水面上。

12. 莳（shí）萝：一种草本植物，又称土茴香，有香味。

13. 菖蒲：一种多年生草本植物，有香气。

14. 茱萸：一种多年生乔木植物，开小黄花。

15. 鸡冠：指鸡冠花。其花多为红色，呈鸡冠状。

16. 海囊：指凤仙花。

17. 菁：泛指盛开的花。

【助读】

此部分讲述了各种飞禽、花木等。

【原文】

鹅鸭雉鸡叫，斑鸠鹁鸽鸣。喜鹊黄鹂啄，鹈鸪鹦鹉饮。[1-4]

凤凰呈瑞鸟，麒麟仁义虫。蜡嘴鵏白鸰，青装雕鹄鹇。[5-10]

鸳鸯配佳偶，鸿雁守节贞。鹏飞九万里，鹤鸣至天闻。

【注释】

1. 雉：野鸡。
2. 斑鸠：一种鸟，上体羽以褐色为主，头颈灰褐色，下背至腰部为蓝灰色，下体为红褐色。
3. 鹁：一种鸟。
4. 鹈鸪：一种鸟。
5. 麒麟：神话中的一种瑞兽。
6. 蜡嘴：一种鸟。
7. 鵏（bū）：一种鸟。
8. 白鸰：指白鹡鸰，一种鸟。
9. 雕：一种猛禽。
10. 鹄鹇：又叫黑头蜡嘴雀、大蜡嘴、铜嘴，叫声洪亮。

【助读】

此部分介绍了一些禽类。

各种禽类

【原文】

青狮侣白象，虎豹伴人熊。豺狼麋鹿皮，狐狢暖貂裍。[1-5]

鳌彪狻猊猛，猿猴猩猩灵。鸱鸮鸽衔妙，犁猫抓扑能。[6-12]

鹰鹞爪距硬，鼠雀咗唝勤。刺猬擒蛇怪，水獭祭鱼诚。[13-17]

蛐蟮蜈蚣蟒，蟆蛙蝌蚪蚊。蚰蜒螳螂蛆，虱虮虼蚤蠓。[18-29]

龟鳖红螃蟹，鼋鼍大蛟龙。虾蚄八蜡类，蝗蛹害苗根。[30-36]

蚆贝蟾蜍蚕，蟋蟀螟蛉蚓。蝼蛄青蚨蛭，斑蝥蛤蜅蝇。[37-45]

翅翎毛羽翼，呱噪落栖鸣。胎卵俯抱哺，牙蹄角雌雄。[46]

窝巢嘴冠翼，跳跃飞翔同。皮肉争贵贱，骨血凭人用。

捕捉罩网栊，钩钓弩弹弓。[47]

【注释】

1. 侣：陪伴。

2. 人熊：棕熊，直立行走时很像人。

3. 麋鹿：一种动物，头脸似马，角似鹿，尾似驴，蹄似牛。

4. 狢：一种动物，外形像狐，皮很珍贵。

5. 裍：同“绷”，指稀疏地缝上或用针别上。

6. 鳌：传说中海里的大龟或大鳖。

7. 彪：指小老虎。

8. 狻猊：神话中的一种神兽，是“龙生九子”中的第五子。

9. 鸱（chī）鸮（xiāo）：猫头鹰。

10. 鸽（qiān）：指禽类用尖嘴啄食。

11. 衔：用嘴含。

12. 犁猫：原文疑误将“狸猫”写为“犁猫”。

13. 鹞：一种猛禽。

14. 距：原指雄鸡爪子后面突出的像脚趾的部分。

15. 啡：同“啄”。

16. 水獭：一种鼬科动物，生活在水边，主要吃鱼，也食蛙、蟹和水鸟，毛皮比较名贵。

17. 祭鱼：据说水獭常将所捕的鱼陈列岸边，如同陈列祭祀的供品。

18. 蛐蟮：蚯蚓。

19. 蜈蚣：一种动物，身体由多节组成。

20. 蟒：一种无毒的大蛇。

21. 蟆：指蛤蟆。

22. 蛙：指青蛙。

23. 蝌蚪：是无尾目蛙科大多数两栖动物的幼体。

24. 蚰蜒：一种虫，像蜈蚣而略小。

25. 螳螂：一种昆虫，身体多呈绿色或土黄色，前肢上有一排坚硬的锯齿。

26. 蛆（qū）：苍蝇的幼虫，白色。

27. 虮：虱子的卵。

28. 蛇蚤：跳蚤。一种善于跳跃，吸食人畜血液的昆虫。

29. 蠓（měng）：一种昆虫，比蚊子小。

30. 鼋（yuán）：一种大鳖。

31. 鼍（tuó）：指扬子鳄。

32. 蛟龙：传说中能使洪水泛滥的一种神兽。

33. 蚜（zǐ）蚄（fāng）：一种昆虫，又称粘虫。

34. 八蜡：古时祭祀之名。八蜡即为八种神，其八为昆虫。

35. 蝗：蝗虫，又叫蚂蚱。

36. 蝻（nǎn）：蚂蚱的幼虫。

37. 蚆（bā）：古书上说的一种贝。

38. 蟾蜍：一种两栖动物。

39. 螟（míng）蛉：一种绿色的小虫。

40. 蝼蛄：一种昆虫。

41. 青蚨（fú）：传说中的虫名。

42. 蛭（zhì）：蚂蟥，能吸人畜的血。

43. 斑蝥（máo）：又名虎甲虫，危害大豆、花生等农作物。

44. 蛤（gé）：指蛤蜊，一种软体动物，壳卵圆形。

45. 蜅（fǔ）：小螃蟹。

46. 呱噪：此处形容鸟类鸣叫。

47. 弩：一种用机械力量射箭的弓。

【助读】

此部分罗列了一些动物的名称。

第二节 社会生活

【原文】

观景无穷尽，各自奔前程。下石崖崄岸，到川地广平。[1-2]

望荒郊牧野，仰堡寨城池。受风尘劳攘，遭雾露阴晴。[3]

逢雪霜雹雨，遇雷电虹霞。观日月蚀晕，视斗宿参辰。[4-7]

经湖海波涛，睹江淮冻凌。[8]

【注释】

1. 崄：同“险”。
2. 川地：平地。
3. 劳攘（rǎng）：劳碌。
4. 蚀：指日食和月食。
5. 晕：指太阳和月亮周边的光圈。
6. 斗宿：二十八星宿之一。
7. 参辰：指参星和辰星，它们分别在西方和东方，出没各不相见。辰星也叫商星。
8. 冻凌：冰。

【助读】

此部分讲述了自然界的一些景物、现象。

忻州古城

【原文】

走街衢胡同，过里巷都邨。游庵观寺院，接道姑尼僧。[1-6]

进宫殿庙宇，看圣像光金。睄豆笾陈设，听钵盂磬音。[7-12]

见领牲献戏，撞祈祷甘霖。闻焚香醮纸，看燃烛点灯。[13-18]

进士室学堂，闻诗韵书声。住驿馆旅店，吃沽酒买腥。[19-22]

入厂衙卫所，览库廒仓廪。站闹市坊前，瞭铺面门摊。[23-27]

【注释】

1. 衢（qú）：四通八达的道路。

2. 里巷：街巷。

3. 都邨：邨同“村”。清朝以来实行都村制，县下设都，都下设村，村下设甲，每十户为一甲。

4. 庵：庙宇。

5. 观（guàn）：道教的庙宇。

6. 接：与……交往。

7. 圣像：指寺庙中供奉的神像。

8. 光金：形容金碧辉煌。

9. 睄：同“瞧”，略看一眼。

10. 豆笾（biān）：豆是古代盛食物用的一种器具。笾是古代祭祀或宴会时盛放果实、干肉等的竹器。

11. 钵盂：盛饭菜的食器，多为佛教徒化斋之用，亦可用于诵经时敲击。

12. 磬：指僧侣所用的打击乐器，形状似钵，一般为铜铁铸成。

13. 领牲：陕北民间祭神用的牲畜。

14. 献戏：指为神唱戏。
15. 撞：遇到。
16. 祈祷：向神求告，希望降福。
17. 甘霖：指久旱以后所下的雨。
18. 醮（jiào）纸：指烧化纸符、纸钱等。
19. 士室：指读书人的住处。
20. 驿馆：旧时官方设立的交通服务站，负责为来往公职人员提供食宿、换马等服务。
21. 沽酒：指从市上买来的酒。
22. 买腥：指买鱼类肉类等。
23. 卫所：指卫所制度，这是明朝最主要的军事制度。明代自京师达于郡县，皆设立卫、所。
24. 廒（áo）：粮库。
25. 仓廪：粮库。
26. 瞭（liào）：登高远望。
27. 门摊：指在沿街店铺门前摆设的售货摊。

【助读】

此部分讲述于街巷间的所见所闻。

忻府区金洞寺文殊殿

【原文】

步京省集镇，人烟好似云。名利二字催，富贵两端引。[1-4]

你我挨挤走，俺咱推拥行。东来粜米面，西往籴䴵糁。[5-8]

左卖阔梭布，右发胜细绫。停车置数匹，伫马买几甬。[9-16]

原籍送乡眷，故里酬亲朋。好歹各人挑，真假自己分。[17]

拣库灰月白，择柳绿桃红。拨中色栀黄，掉秋香石青。[18-24]

选黑紫毛蓝，换油敦竹根。绉绢纱罗勾，绒线拿几件。[25-31]

长短广狭较，精粗宽窄明。厚薄轻重别，丈尺分两平。[32-33]

桩样检点就，件数包裹匀。货真物价实，估料计算清。[34]

戥子称散碎，天平对整定。抬扛抽夫役，驮驼拉包程。[35-42]

银锭

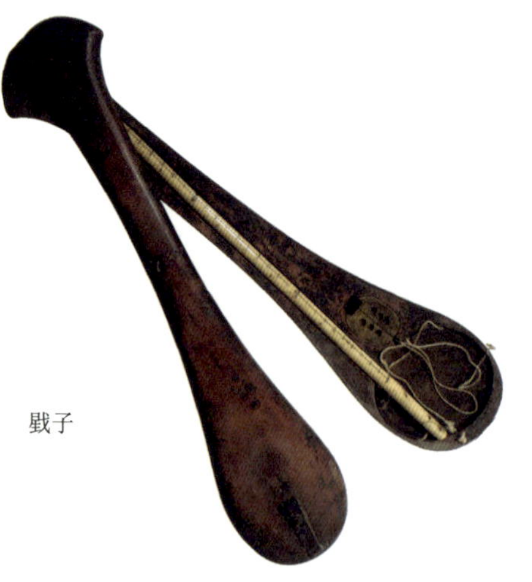

戥子

【注释】

1. 步：在……行走。
2. 京省：指京城和省城。
3. 集镇：比县城小的居民区。
4. 引：吸引，招引。
5. 粜（tiào）：卖出粮食。
6. 籴（dí）：买进粮食。
7. 䃎（chǎi）：碾碎了的豆子或玉米。
8. 糁（shēn）：谷类磨成的碎粒。
9. 阔：这里指布的幅面宽。
10. 梭布：粗布，一种手工纺织的布。

天平

11. 发：发运。

12. 胜：超过，胜过。

13. 䌷绫：䌷，旧同“绸”。绸、绫，均是高档丝织品。

14. 置：购置。

15. 伫：站立等候。

16. 甬：通“桶”，古斗斛一类量器。

17. 乡眷：乡亲眷属。

18. 库灰：一种灰色织品，曾为清朝内务府库藏之物。

19. 拨：指将东西扒拉到一边，表示不要。

20. 中色：黄色。

21. 栀黄：像用栀子染成的黄色。

22. 掉：调换。

23. 秋香：可能代指一种黄色。

24. 石青：一种深蓝色。

25. 毛蓝：比深蓝色稍浅的一种蓝色。

26. 油敦竹根：可能是指用竹子的根制作的一种舀油器具。

27. 绉（zhòu）：一种有皱纹的丝织品。

28. 绢：一种薄而坚韧的丝织品。

29. 纱：经纬线稀疏的织品。

30. 罗：一种轻软的丝织品。

31. 勾：引诱，勾引。

32. 较：比较。

33. 两平：指让买家和卖家都觉得公道。

34. 估料：估计，揣测。

旧时内蒙古的驼队

35. 戥子：用以称量微量物品的小型杆秤。

36. 散碎：指大小、重量、形状都不一样的银块。

37. 整定：疑为整锭。指未经剪断的元宝或滴珠。

38. 抬扛：指搬运货物时，两人抬或一人扛。

39. 抽：选择。

40. 夫役：指被雇佣来做杂务的人。

41. 驮驼：古汉语中，驼也有“负物”义，所以驮、驼通用。

42. 包程：指按一定里程雇用车马等交通工具出行。

【助读】

此部分叙述集市上商品交易的情形。

第三节 荣归故里

【原文】

半晌闲游玩，须当急起身。转盼家乡远，瞬目旧都临。[1-4]

隔壁邻舍知，同年僚友迎。当年曾饯行，此日更洗尘。[5-8]

【注释】

1. 须当：应当。
2. 转盼：转眼间。
3. 瞬（shùn）目：眨眼工夫。
4. 旧都：指故乡的都市。
5. 同年：科举时代称同榜或同一年考中者。
6. 僚友：指官职相同的人。
7. 饯行：设下酒席，送别出远门的亲友。
8. 洗尘：宴请远道而来的人。

【助读】

此部分讲游子回到家乡，受到亲朋好友欢迎的情景。

【原文】

未收各色仪，先将礼单陈。看罢折简帖，振点古套封。[1-8]

般数具得切，款式写落清。猪羊牵几只，纹银盛几锭。[9-13]

鲜禽摆两盘，美酒担一瓶。围屏帐一架，凉暖帽二顶。[14]

蟒衣朝王靴，凤冠霞珮金。旗伞皆全副，攒竹轿二乘。[15-21]

【注释】

1. 各色：各种各样。

2. 仪：礼物。

3. 礼单：礼物的清单。

4. 陈：展示出来。

5. 折简：折半之简，言其礼轻。

6. 帖：指礼单。

7. 振：搬动。

8. 套封：封套，包装。

9. 般数：指各种物品和数量。

10. 具：写，题。

11. 切：切实。

12. 纹银：旧时的一种标准银。

13. 锭：量词，用以计量金、银、墨等物件的单位。

14. 围屏：可以折叠的屏风。

15. 蟒衣：明代创制的一种绣蟒的官服。

16. 朝王靴：指朝靴，是官员上朝时穿的靴子。

17. 凤冠：后妃及贵族命妇的传统冠饰。

蟒衣

18. 霞珮：原文疑误将“帔”写为“珮”。霞帔，旧时贵族妇女礼服的一部分，类似披肩。
19. 旗伞：指旗盖，古代仪仗中的旗与伞。
20. 全副：全套。
21. 攒竹：指先削制竹子，然后用胶将之粘合起来。这里大约是指轿杆用此方法制成。

【助读】

此部分讲述向亲友赠送礼物。

勘书图　　五代十国 · 王齐翰

【原文】

长家掌礼簿，丫鬟把酒斟。西宾九顿首，东主百拜兴。[1-7]

礼匣回全签，食盒璧半星。诸亲喜相馈，俱家鞠躬领。[8-14]

俯伏请客坐，揖让送友行。[15-16]

【注释】

食盒

1. 长家：管家。
2. 礼簿：登记收受礼品的簿册。
3. 西宾：旧时宾位在西，故称。
4. 顿首：跪地磕头。
5. 东主：东家；店主；房东。
6. 拜：一种表示敬意的礼节。
7. 兴：兴旺。
8. 回：回复。
9. 全签：全部签收。
10. 食盒：古代盛装食物用的竹木结构的多层器具。
11. 半星：可能是指将送来的食品等礼物返还一半。旧时收礼，有时会只收取一部分。
12. 馈：赠送。
13. 俱：全，都。
14. 领：领受。
15. 俯伏：俯首伏地。
16. 揖让：古代宾主相见的礼节。

【助读】

此部分讲述接风宴会上宾客送礼的情形。

〖**总结**〗

本章主要描写一个人辞去官职回乡途中的所见所闻和亲朋好友为其接风洗尘的情形。

文中列举了大量花草鸟兽——往往暗寓褒贬，这亦是一种潜移默化的道德教化。如麒麟象征仁义，鸿雁象征贞洁，鸳鸯象征佳偶，蝗虫损害庄稼，水蛭吸食人血等等。

文中还描述了当时的社会生活，如游寺院，看佛殿，观祭祀，住旅店，置买米面布匹等，展现了忻州一带人民丰富多彩的生活风貌。

第五章　生老病死

第一节　各色人等

【原文】

忆昔往时见，思想还途经。共赋二气育，同禀五行生。[1-7]

个个无袭像，等等有殊形。享安乐富贵，受患难贫穷。[8-10]

渴饿匍匐走，饱暖轿马乘。依靠爹娘过，自己创立成。[11]

终日多劳碌，一世少受命。[12]

【注释】

1. 思想：想念，思忖。
2. 还：仍然。
3. 赋：给予。
4. 二气：指阴、阳二气。
5. 育：养育。
6. 禀：承受，接受。
7. 五行：指金、木、水、火、土五种物质，古人认为它们之间存在相生相克的关系。
8. 袭：承袭。
9. 等等：指各种各样的。
10. 殊：不同的。
11. 匍匐：躯体贴地爬行。
12. 受命：指受天之命。

【助读】

此部分指出人与人的命运各不相同。

【原文】

为王侯宰相，做驸马皇亲。儒释僧道教，医卜星相琴。[1-9]

客旅经商贾，各行手艺工。砍柴割草活，背炭扫煤生。[10]

推车握粪筐，担篓挑浆桶。粗食不充口，布衣弗遮身。[11-12]

乞丐沿门讨，叫化擂砖行。饥寒交迫像，零丁孤苦容。[13]

鳏寡徒自悯，茕独令人矜。娼妓媒娼卒，皂隶勇壮兵。[14-18]

【注释】

1. 驸马：汉代有“驸马都尉”的官职，后因皇帝的女婿常任此职，驸马便成为皇帝女婿的称呼。
2. 儒：指信奉儒学的人。儒学是先秦诸子百家学说之一。
3. 释：指信奉佛教的人。佛教的创始者是古印度的释迦牟尼。
4. 僧：出家修行的男性佛教徒。
5. 道：指信奉道教的人。道教是一种产生于中国的宗教。
6. 卜：占卜。指靠用算卦等手段预测吉凶的人。
7. 星：指靠观测天上的星象来预测吉凶的人。
8. 相：指靠相面谋生的人。
9. 琴：指靠演奏乐器谋生的人。
10. 贾（gǔ）：指商人。古时特指开店售货的商人。
11. 充口：指糊口。
12. 弗：不。
13. 擂砖：旧社会乞丐用砖块自击头胸的乞讨手段。
14. 鳏（guān）寡：年老而失去配偶的人，男子叫鳏，女子叫寡。
15. 徒：空，只是。

16. 茕（qióng）独：孤单而没有依靠的样子。

17. 矜：同情，怜悯。

18. 皂隶：衙门里的差役。

【助读】

此部分讲述从事各类行业人们的不同生存状况。

各行人等

【原文】

住茅庵草舍，居楼阁厦厅。穿补衲褴褛，吃糟糠菜根。[1-5]

五官不完备，四肢未全成。秃瞎拐瘸跛，喑哑痴憨聋。[6-10]

丑陋惫懒歹，伟魁俵齐整。胖奤肥瘦汉，矮矬歪凹身。[11-15]

【注释】

1. 茅庵草舍：用茅草搭建的简陋房屋。

2. 补衲（nà）：缝补。

3. 褴（lán）褛（lǚ）：衣衫破烂的样子。

4. 糟：酒糟。做酒剩下的渣滓。

5. 糠：稻、麦等作物籽实经碾轧后脱下的皮或壳。

6. 秃：指没有头发。

7. 瘸：腿脚有毛病，走路时身体不稳。

8. 跛：腿脚有毛病，走路时身体不稳。

9. 喑哑：嗓子干涩，不能说话。

10. 痴憨：愚笨朴实。

11. 惫懒：涎皮赖脸。

12. 伟魁：身体高大壮实。

13. 奤（pò）：脸庞大。

14. 矮矬：指身材矮小。

15. 歪凹：代指弯腰驼背的样子。

乔家大院

【助读】

此部分讲述不同人等的居住、饮食、面容、身形、性情等的状况。

【原文】

智愚贤不肖，廉直刚义勇。奸佞英豪杰，伶俐乖巧能。[1-2]

刁谲诡诈怪，鲁钝狂顽蠢。痴呆带傝㑲，执滞沾懵懂。[3-6]

模糊似鹘突，佯魔像妖淫。俊秀多智慧，拙坌少聪明。[7-10]

豁达风流性，畅快洒落胸。慷慨惆怅貌，忐忑腼腆心。

龌龊知腌臜，懒惰定馋鳙。[11-13]

【注释】

1. 不肖：不成才，不正派。

2. 廉直：清廉正直。

3. 谲：欺诈。

4. 鲁钝：粗率，迟钝。

5. 傝（tà）㑲（sà）：恶。

6. 沾：染上。

7. 鹘（hú）突：不明事理。

8. 魔：疯癫，失去理智。

9. 妖淫：怪诞邪僻。

10. 坌：笨；不灵巧。

11. 龌（wò）龊（chuò）：品行卑劣。

12. 腌（ā）臜（zā）：肮脏。

13. 鳙（yōng）：不廉。

【助读】

此部分讲述各类人的天资及品行特点。

【原文】

试看这些人，细参此世情。皆是前缘造，今生天报应。[1-5]

福缘善庆至，祸因恶积临。软弱无灾害，刚强有官刑。[6-11]

凶暴遭妖殁，柔和享寿终。老实依然在，骄虚不久长。[12-16]

汝等若不信，目前就有证。近晓在自身，远谕及子孙。[17]

用命还债主，负力填还人。转驼骡骑坐，变牛马拽耕。[18-22]

转猪羊宰割，变鸡犬烹饪。分明有大例，昏迷皆不省。[23]

损人利己事，灭理昧良心。明瞒昧欺骗，左拐右诳哄。[24]

凭势霸产业，依力吓人银。到底神鉴察，终久要显形。[25]

苦心为家缘，费精把婪成。但徒眼前好，那管过后凶。[26-30]

忌下狱升天，昧过往神灵。犹如结茧蚕，真似浮生梦。[31-33]

【注释】

1. 参：领悟，琢磨。
2. 前缘：过去所结下的缘分。
3. 造：造成。
4. 今生：这一辈子。
5. 报应：佛教用语，原指人的行为好会得到好的结果，否则会有不好的遭遇。
6. 福缘：福分。
7. 善庆：指善行多福。
8. 恶积：指罪恶成堆。
9. 临：来临。《千字文》：“祸因恶积，福缘善庆。”
10. 软弱：指遇事忍让。

11. 官刑：官府的刑罚。

12. 殁：死亡。

13. 柔和：指性格温和。

14. 享：享受。

15. 寿终：自然死亡。

16. 骄虚：骄矜而虚浮。

17. 谕：告诉。

18. 负力：指凭借力气。

19. 填还：偿还。

20. 转：指转世。

21. 驼骡：骆驼和骡子。

22. 拽：拉。

23. 省：醒悟，明白。

24. 诳哄：哄骗。

25. 吓：使害怕。

26. 家缘：家业。

27. 费精：指耗费精力。

28. 婪：指贪爱财物。

29. 徒：仅仅。

30. 那：同“哪”。

31. 忌：顾忌。

32. 昧：欺骗。

33. 结茧蚕：取“作茧自缚”的意思。

【助读】

旧时，迷信的人往往认同因果报应，这也从一个侧面告诫人们要做善事。

第二节 得病抓药

【原文】

日月穿梭走，光阴不饶人。倏忽两鬓霜，转眼齿摇动。[1]曩昔垂髫子，而今白头翁。[2-3]

【注释】

1. 倏（shū）忽：很快地。
2. 曩（nǎng）昔：以前。
3. 垂髫子：发髫下垂。古代儿童头发的样式。

【助读】

此部分是感叹光阴易逝，转眼就白了头。

【原文】

志气精神微，手足腿胯沉。肺肝脾胃弱，腰背肩膀困。[1-2]

血脉流转迟，皮肉肌肤松。眼目顾视花，肱股臁腰坌。[3-7]

步履跋涉艰，眶睫睛瞳昏。口舌嘴唇拙，咽嗓喉咙紧。

【注释】

1. 微：衰落。

2. 沉：沉重。

3. 顾视：向周围看。

4. 肱（gōng）：人的上臂。

5. 股：大腿。

6. 臁（lián）：小腿的两侧。

7. 坌：通“笨”，不灵巧。

【原文】

膀光肾水衰，肘腕骨节僵。髭髯胡须白，头顶囟门红。[1-3]

鬏髻辫鬌减，泪眵鼻涕增。肠肚脐腹缩，额颅腮颐搔。[4-8]

【注释】

1. 肾水：肾脏。中医用金、木、水、火、土五行配肺、肝、肾、心、脾五脏，肾属水。
2. 髭（zī）髯（rán）：胡须。
3. 囟门：通常指婴儿头顶骨未合缝的地方。
4. 鬏（bó）：头发。
5. 髻（jiū）：接发。
6. 鬌（chuí）：头发脱落。
7. 眵：眼睛分泌出来的液体凝结成的淡黄色的东西。
8. 颐（yí）：面颊。

【原文】

筋脚拳掌僵，捉拿提携轻。脸面黎色样，膂脊弯弓同。[1-3]

语默应答差，躯□体态重。寒冷暑热避，饥渴饮食谨。

命若风中烛，人如日西沉。

【注释】

1. 僵：僵硬，不灵活。

2. 黎：古通“黧”，黑。

3. 膂（lǔ）：脊梁骨。

【助读】

本节描述人到年迈之时，身体越来越差的情形。

【原文】

霎时无常到，一旦老病生。初得乾霍乱，后加伤寒症。[1-5]

呕吐咳嗽喘，哽噎瘫痪风。鼓肿膨胀痛，痔痿疽癞痈。[6-11]

痍痞瘟黄疟，疥癣泄利疹。疴痒疮臁窠，疝痨瘰疖疔。[12-27]

【注释】

1. 霎（shà）时：顷刻之间。
2. 无常：迷信的人认为，无常是人在将死之时勾人魂魄的鬼。
3. 老病：指老年人常患的疾病。
4. 乾霍乱：一种疾病，患者欲吐不吐，欲泻不泻，心腹绞痛。
5. 伤寒：由伤寒杆菌引起的一种急性传染病。
6. 哽噎：指食物堵住食管。
7. 风：中医指某些疾病。
8. 痔痿：临床上的常见病、多发病。
9. 疽（jū）：一种毒疮。
10. 癞（lài）：指麻风病，癣疥等皮肤病。
11. 痈：一种皮肤和皮下组织的化脓性炎症。
12. 痍（yí）：创伤。
13. 痞（pǐ）：中医指胸腹间气机阻塞不舒的一种自觉症状。
14. 瘟：中医指流行性急性传染病。
15. 黄：指黄疸。
16. 疟：指疟疾。一种由疟原虫寄生于人体所引起的急性传染病，表现为全身周期性发冷发热。
17. 疥（jiè）：由疥虫寄生而引起的一种传染性皮肤病。

18. 癣（xuǎn）：由霉菌引起的某些皮肤病，患处常发痒。

19. 泄利：利通“痢”，指痢疾。

20. 疹：皮肤上起的小颗粒，多由皮肤表层发炎浸润而起。

21. 疴（kē）痒：疾病痛痒。

22. 臁（lián）：指小腿两侧。

23. 疝（shàn）：病名。

24. 疠（lì）：指一种恶疮。

25. 瘰（luǒ）：中医指结核菌侵入淋巴结，发生核块的病，多在颈部。俗称“老鼠疮”。

26. 疖（jiē）：一种局限性皮肤和皮下组织化脓性炎症。俗称“疖子”。

27. 疔（dīng）：中医指一种病理变化急骤并有全身症状的恶性小疮。

【助读】

此部分列举了多种疾病的名称和症状。

【原文】

良医急疗治，针火莫消停。生熟药饵用，丸散膏丹引。[1-6]

当归大熟地，附子肉苁蓉。官桂炙甘草，苍术麦门冬。[7-15]

黄连南红花，赤芍白茯苓。麻黄紫苏子，乳香京三棱。[16-23]

硇砂五灵脂，血竭细灯心。兔丝车前子，鹿茸天南星。[24-31]

山查荆芥穗，木通酸枣仁。蒺藜白枸杞，茱萸天花粉。[32-39]

槟榔五加皮，干姜山豆根。川芎明雄黄，人参北细辛。[40-47]

陈皮制半夏，朱砂核桃仁。桔梗代赭石，柏子元明粉。[48-56]

【注释】

1. 针火：或指火针，以针蘸油，令其在火上烧红后再刺入病人穴位的一种治病方法。

各种中药材

2. 莫：不要。
3. 消停：停止。
4. 药饵：药物。
5. 丸散膏丹：中药的四种剂型。丸，球状。散，粉末状。膏，膏脂状。丹，颗粒状或粉沫状。
6. 引：指药引子，能调节药性，增强药效。
7. 当归：一种草本植物，根可入药，有补血活血、调经止痛、润燥滑肠等功用。
8. 大熟地：中药名，指经过蒸晒的地黄。
9. 附子：一种草本植物，可入药，对虚脱、水肿、霍乱等有疗效。
10. 肉苁蓉：一种多年生草本植物，茎可入药，有补肾、通便、止血等功效。

古代的江湖郎中

11. 官桂：指上等肉桂，可入药，有温肾补火、祛寒止痛的功效。
12. 炙：烤。
13. 甘草：一种多年生草本植物，根可入药，有益气、泻火、解毒等功用。
14. 苍术：一种多年生草本植物，根可入药，有健胃功效。
15. 麦门冬：一种多年生草本植物，根可入药，有滋阴润肺、镇咳、祛痰等功效。
16. 黄连：一种多年生草本植物，根茎味苦，是健胃药，并有抗菌消炎的作用。
17. 南红花：指红花，为一年生草本植物，其花可入药，有祛瘀生新、通经活血及止痛等作用。
18. 赤芍：指根皮为淡褐色的芍药，其根可入药，有镇痛、活血、消肿等作用。
19. 白茯苓：中药名，为茯苓块切去赤茯苓后的白色部分。
20. 麻黄：一种常绿小灌木，可从中提取麻黄素，用来治疗哮喘、风寒感冒等病症。
21. 紫苏子：为紫苏的干燥成熟果实，有镇咳、润肠等作用。
22. 乳香：又名薰陆香，为橄榄科常绿乔木的凝固树脂，有活血、行气、止痛等功效。
23. 京三棱：一种多年生草本植物，可入药。
24. 硇（náo）砂：一种矿物，有散结破瘀、化痰消积、化腐生肌等效用。
25. 五灵脂：中药材名，本为鼯鼠科动物橙足鼯鼠和飞鼠等的干燥粪便，有通利血脉、行瘀止痛的功效。

26. 血竭：中药材，具消炎、止血生肌、散瘀止痛的功效。
27. 细灯心：指灯心草，中药，有利尿和清热作用。
28. 兔丝：指菟丝子，一种草药，有补肾固精、养肝明目的作用。
29. 车前子：一种草药，有利尿、清热、化痰等作用。
30. 鹿茸：雄鹿的幼角，可用于治疗阳痿、遗精、腰膝酸软等病症。
31. 天南星：一种草药，可用于治疗小儿惊风、口眼歪斜、破伤风等病症。
32. 山查（zhā）：即山楂，可用于治疗饮食积滞等病症。
33. 荆芥穗：荆芥的花穗，有祛风、凉血的功效。
34. 木通：一种藤本植物，果实和茎可入药。
35. 酸枣仁：酸枣的种子，可治疗虚烦不眠、惊悸等病症。
36. 蒺（jí）藜（lí）：一种草本植物，种子可入药。
37. 白枸杞：枸杞的一种，果实可入药。
38. 茱萸：落叶小乔木，果实可入药。
39. 天花粉：一种中药，为葫芦科植物栝蒌的根，有泻火、解渴、润燥、祛痰等功效。
40. 槟榔：一种热带树木，种子有杀虫、助消化等功效。
41. 五加皮：五加是一种灌木，其根皮和茎皮可入药，有祛风湿、壮筋骨的功效。
42. 乾姜：即干姜，一种中药，用来治疗肢冷脉微、恶心呕吐、泄泻、脾胃虚寒等病症。
43. 山豆根：一种灌木，根可入药，有解热消炎的功效。
44. 川芎：一种多年生草本植物，根状茎可入药，有活血、调经、止痛的功效。

桔梗

45. 雄黄：一种矿物，有解毒、杀菌、杀虫等功效。
46. 人参（shēn）：一种草本植物，可入药。
47. 北细辛：一种草药，可用于治疗风寒头痛、痰饮咳逆等病症。
48. 陈皮：指晒干了的橘子皮或橙子皮，其有健胃、镇咳、止呕等功效。
49. 制：炮制，指对中药材进行加工。
50. 半夏：一种多年生草本植物，根可入药，有止咳、祛痰、止吐等功效。
51. 朱砂：一种矿物，有镇静催眠、解毒防腐等功效。
52. 核桃仁：核桃的果仁，可入药，有补肾、温肺、润肠等功效。
53. 桔梗：一种多年生草本植物，根可入药，有止咳祛痰的功效。
54. 代赭石：一种矿物，能治疗呕吐、嗳气、吐血、眩晕、耳鸣等病症。
55. 柏子：侧柏的种子，能治疗惊悸、不寐、便秘等病症。
56. 元明粉：一种无机化合物，有清热消肿、泻火、解毒等功效。

【助读】

此部分叙述了中医的治疗方法、中药制剂的类型，并列举了许多中药。

神农尝百草

第三节　葬俗后事

【原文】

好药都用遍，仙丹也不灵。想必大限至，何苦罔操心？[1-2]

阎君出签票，难得顷刻容。一旦丧黄泉，说话命归阴。[3-8]

办亡故死丧，闹逝殁柩灵。入殓棺椁椋，埋葬填墓茔。[9-17]

泣血稽颡拜，啼哭泪悲伤。斩衰杖期服，缌麻大小功。[18-25]

笑貌音容杳，尸殖骷髅存。春秋椒浆奠，四季香纸焚。[26-30]

生前推金玉，死后赤手空。[31-32]

【注释】

1. 大限：寿数，死期。
2. 罔：通“惘”，迷惑。
3. 阎君：神话中在阴间掌管世间人生死的神。

丧事吹打

4. 签票：旧时官府签发给差役拘捕犯人的凭证。
5. 容：宽限。
6. 丧：死亡。
7. 黄泉：迷信者认为人死后居于黄泉。
8. 说话：指顷刻之间。
9. 办：指办理。
10. 亡故：去世。
11. 死丧：死亡。
12. 闹：指办理。
13. 逝殁：逝和殁，均指死亡。
14. 柩灵：指灵柩，装了尸体的棺材。
15. 入殓：将尸体和随葬物装入棺材的一种丧事程序。
16. 椁：套在棺材外面的大棺材。
17. 榇（chèn）：棺材。
18. 泣血：哭得眼里泪尽而流出血来。
19. 稽（qǐ）颡（sǎng）：一种礼仪。屈膝下拜，以额触地，表示极度的虔诚。
20. 拜：指下跪参拜。
21. 斩衰（cuī）：旧时丧服中最重的一种，用粗麻布制成，左右和下边不缝，适用于与死者关系最近的亲属。
22. 杖期：指持丧杖服丧一年。
23. 服：指丧服。
24. 缌（sī）麻：旧时丧服中最轻的一种，用细麻布制成，服期三个月。

25. 大小功：指大功和小功两种丧服。大功服期九个月，用熟麻布做成，较齐衰稍细，较小功为粗。小功服期五个月，用熟麻布制成，较大功为细，较缌麻为粗。
26. 杳：消失。
27. 尸殖：指尸骨。
28. 骷髅：指干枯无肉的死人的全副骨骼。
29. 椒浆：用椒浸制的酒浆。
30. 奠：向死者供献祭品致敬。
31. 推：原文疑将“堆”字误作“推”字。
32. 赤手：空手。

【助读】

此部分叙述人去世后的相关丧葬礼仪等。

【原文】

遗留产业地，子孙且争分。凭神拈阄扯，同众立契文。[1-5]

家长评不倒，入衙官断清。塌下千万债，自己眠目顶。[6-13]

世事看到此，令人胆战兢。从今戒夺利，过后免争名。[14-16]

【注释】

1. 且：将要。

2. 凭：靠着。

3. 拈阄：抓阄。用几张小纸片暗写上字或记号，作成纸团，由有关的人各取其一，以决定权利或义务该属于谁。

4. 立：订立。

5. 契文：指书契、契约。

6. 家长：指家族或家庭中的主事者，往往行辈最高。

7. 评：指说出处理的具体办法。

8. 不倒：指不能平息争端。

9. 衙：衙门、官府。

10. 断：判定、评断。

11. 塌下：指落下。

12. 眠目：当为“瞑目”之意。

13. 顶：承担。

14. 战兢：恐惧发抖的样子。

15. 戒：改掉……做法。

16. 免：指不被某种事项涉及。

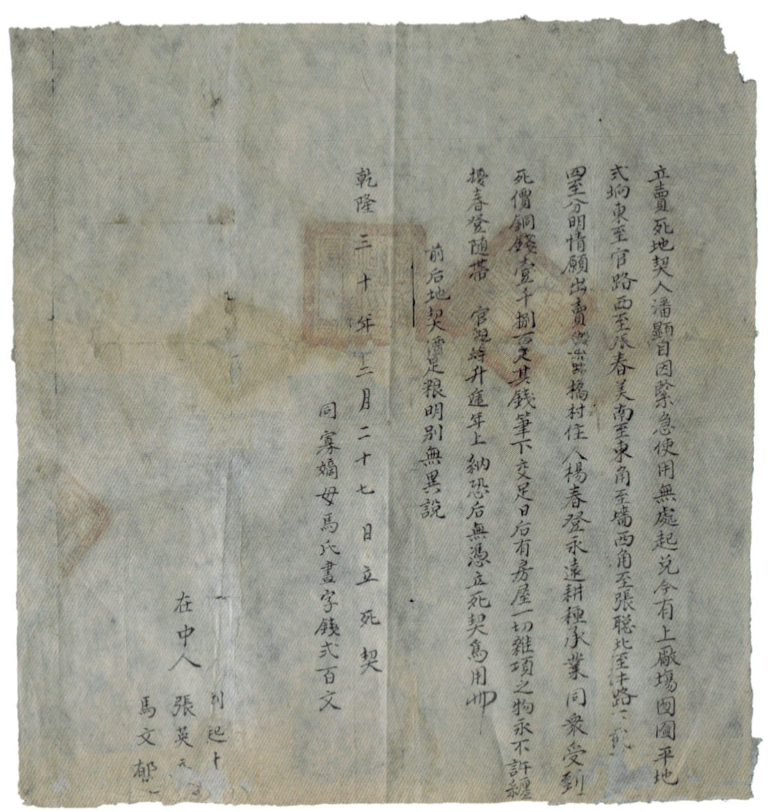

立賣死地契人潘顯日因緊急使用無處起兑今有上廠場園圃平地
弍垧東至官路西至楊春美南至東角至墻西角至張聡北至十路[illegible]
四至分明情願出賣與[illegible]橋村住人楊春登永遠耕種承業同衆受到
死價銅錢壹千捌百文其錢筆下交足日后有房屋一切雜項之物永不許纏
摟春登隨帶　官粮[illegible]升進年上納恐后無憑立死契爲用
前后地契[illegible]足粮明別無異說
乾隆三十年二月二十七日立死契
同寡嫡母馬氏畫字錢弍百文
在中人　張英[illegible]
馬文郁[illegible]

清朝地契

【助读】

此部分劝诫人们不要争名夺利。

【原文】

急急行方便，速速积阴功。晨昏敬天地，早暮孝双亲。[1-4]

出门和乡里，在家恭长兄。勿做亏心事，勿贪无义银。[5-8]

休凭强欺弱，休倚富压贫。莫当公门役，莫做唆挑人。[9-13]

毋恨天怨地，毋骂雨诃风。宜冤仇解释，须小忿涵容。[14-18]

当重粟惜福，该恤孤怜贫。勤俭传家宝，忍耐福寿根。[19-23]

【注释】

1. 急急：赶快。

2. 行方便：指做对他人有益的事。

3. 速速：赶快。

4. 阴功：旧时指在人世间所做而在阴间可以记功的好事。

5. 和：指与……和睦相处。

6. 恭：指对……礼貌恭顺。

7. 勿：不要。

8. 无义：不符合道义。

9. 倚：倚仗。

10. 莫：不要。

11. 公门：指官府，衙门。

12. 役：指衙役。旧时的衙役往往串通官吏贪赃枉法、制造冤案。

13. 唆挑：指挑唆，教唆挑拨。

14. 毋：不要。

15. 诃（hē）：同“呵”，斥责。

16. 解释：指消除、和解。

17. 忿：生气，恨。

18. 涵容：包容，宽恕。

19. 重：认为重要而认真对待。

20. 粟：谷子，这里代指粮食。

21. 惜福：珍惜眼前的幸福。多指一种知足常乐的心态。

22. 恤孤：指同情、救助孤苦无依的人。

23. 根：根源、根本。

【助读】

此部分勉励人们要行善积德，做一个好人。

〖总结〗

本章第一节，从人们的职业、外貌、品行、生存环境等方面讲述人生百态，展现了社会底层百姓的艰难困苦，字里行间流露出作者对他们的怜悯之情。本节还提到了“因果报应”说，如积善便会多福，积恶终会招祸，并以此告诫人们，做人不要只图眼前利益。当然，“前缘造，今报应”的说法是基于当时人们的认知。

作者在本章第二节中，感慨时光如梭、生命无常。他对人衰老后身体的各种变化和面临的各种状况进行了描述，告诉人们要理性地看待生命的变化。

本章第三节，描述了人们生前金玉满堂，死后两手空空，遗留的财产引来子孙纷争的情形——早知是这个结果，生前就不该费尽心机去争名夺利。作者指出，孝亲、积善、勤俭、坚忍，才是家族兴旺的“传家宝”。

本章讲人的生老病死，从中可看出作者的人生观、价值观。这些讲述多着眼于底层百姓的生活。从作者的慨叹中，能感到他有一颗悲悯之心。

虽然作者的某些观点有其时代的局限性，但他的人生经验仍值得大家去反思与借鉴。

树下读书图（局部）

明·吴伟

第六章　耕读治家

第一节 盖房建屋

【原文】

且耕且读书，半诗半务农。良田置几顷，树木栽成林。[1-3]

多多积粪土，好好费耕耘。幸遇叠年稔，仓库积丰盈。[4-9]

【注释】

1. 且耕且读书：一边耕作一边读书。
2. 置：购置。
3. 顷：一百亩为一顷。
4. 费：消耗。
5. 耕耘：犁地和除草。泛指农耕之事。
6. 幸：幸好。
7. 叠年：指连续几年。
8. 稔（rěn）：这里指庄稼丰收。
9. 丰盈：富足。

【助读】

此部分叙述了耕读治家的观念。

【原文】

荒滩摔坏墼，窑冶安瓦轮。捻猫头滴水，剾脊兽玲珑。[1-10]

柴炭卸堆垛，火焰焦烂成。门橔鼓儿石，打犾错柱顶。[11-17]

【注释】

1. 摔：指将泥反复摔到地上，使水土调匀，是制作坯墼的一种方法。
2. 坏（pī）墼（jī）：用泥土制作的砖坯，烧制后就是砖。坏，同“坯”。

左下　鼓儿石
右上　猫头瓦当
右下　脊兽

门墩

3. 窑冶：烧制砖瓦陶器的作坊。
4. 瓦轮：瓦，圆弧状的陶片，用于覆盖屋顶。
5. 捻（niē）：捏，揉塑。
6. 猫头：屋檐前端雄瓦的瓦当，呈猫脸状。
7. 滴水：屋檐前端雌瓦的瓦当，为有纹饰的三角状。
8. 剾（kōu）：同“𠛎”，用刀挖去。
9. 脊兽：安装在屋脊上的陶制兽件。
10. 玲珑：形容雕镂出的脊兽细致、精美。
11. 卸：将物品从车上取下来。
12. 成：这里指成功烧制出砖瓦、脊兽等建筑材料。
13. 门橔：门墩，托住门扇转轴的墩子。
14. 鼓儿石：宅院正门两侧的鼓形装饰石。
15. 打：做，造。
16. 犼（hǒu）：古书上说的一种兽，常雕刻其于石柱顶端。
17. 错：打磨。

【助读】

此部分叙述一些建筑材料或部件的制作工艺。

【原文】

斧砍杨柳木，锯解古柏松。椵楝楸梧桐，桦榆柿槐椿。[1-4]

桑柘桃杏梨，柞楢檀樟枞。黄杨梓椅漆，桫椤杆栩枌。[5-15]

枝梢皮叶剩，桿柮根花用。大小木料全，长短材干真。[16]

【注释】

1. 椵（duàn）：椵树。木材白而细致。

2. 楝（liàn）：楝树。木材坚实，有光泽。

两千年的楸树

三千年的柏树

3. 楸：楸树。木材质地致密，耐湿。
4. 梧桐：梧桐树。木材轻软，可制作乐器。
5. 柘（zhè）：柘树。嫩叶可以喂蚕，木材质坚。
6. 柞（zuò）：柞树。叶子可以养柞蚕，木材质坚。
7. 楢（yóu）：楢树。木材坚韧，可以造车轮。
8. 枞（cōng）：枞树。木材质地紧密、细致。
9. 梓（zǐ）：梓树。木材可供建筑及制造器物之用。
10. 椅（yī）：椅树，又称山桐子。木材可制器物等。
11. 漆：漆树。树皮内富含树脂，其与空气接触后呈褐色，即“生漆”。
12. 桫（suō）椤（luó）：一种树，可作观赏树木。
13. 杄（qiān）：杄树。可作建筑材料。
14. 栩（xǔ）：“栎”的别称，即栎树。
15. 枌（fén）：一种榆树。
16. 榾（gǔ）柮（duò）：木柴块，树根疙瘩。可用来烧火。

【助读】

此部分列举了各种树木的名称。

【原文】

未盖房廊屋，先请匠估评。随矿铁钻锉，拽钳锤铃锛。[1-12]

提钜铇镑铲，带曲尺墨绳。截椽柁檩梁，割槅槅窗棂。[13-25]

推飞头短柱，割鹅嘴料拱。一切窗窾全，二宅来府中。[26-30]

【注释】

墨绳

1. 廊：有顶的过道。
2. 匠：有手艺的人。
3. 估评：估价。
4. 随：这里指随身携带。
5. 铁：一种金属元素，工业上用途极广，可制各种器械。
6. 钻：一种用于穿孔洞的工具。
7. 锉（cuò）：一种铁制的工具，平面上带小刺，用于锉磨物件以取平。
8. 拽：拉，牵引。
9. 钳：用来夹住东西的工具。
10. 锤：用来敲打东西的工具。
11. 铃：金属制成的响器。
12. 锛（bēn）：木工用的一种刨平木料的长柄横刃斧。
13. 钜：坚硬的铁。
14. 铇（bào）：木工用来刨平木料的一种工具。
15. 镑（pāng）：铲子的别称。
16. 曲尺：木工用的两边成直角的尺子。
17. 墨绳：即绳墨。木匠用于打直线的墨线。

18. 截：割断。

19. 椽（chuán）：放在檩上架着屋顶的木条。

20. 柁（tuó）：房架前后两个柱子之间的大横梁。

21. 檩（lǐn）：檩子。架在房梁上，起托住椽子或屋面板作用的小梁。

22. 梁：架在墙上或柱子上用来支撑房顶的横木。

23. 割：截下，划分出来。

24. 槅（gé）㭫（shàn）：即隔扇。房屋或器物的隔断板。

25. 窗棂（líng）：窗格子。

26. 飞头：指飞檐。中国传统建筑屋檐，特别是屋角的檐部向上翘起，若飞举之势。

27. 短柱：可能是指瓜柱。瓜柱是一种下端立于梁、枋之上的短柱。

窗棂

28. 枓（dǒu）栱：即斗拱，中国建筑特有的一种结构，用在横梁和立柱之间。

29. 窌（jiào）窾（kuǎn）：或指房屋架构中的各种卯榫结构。

30. 二宅：这里当指看风水的阴阳先生。二宅原指阳宅（住宅）和阴宅（坟地）。本句是说，请阴阳先生来选择动工盖房的吉利日子。

【助读】

此部分记述盖房前请工匠来先制作房屋的建筑构件。

木匠

【原文】

拣择黄道日，选看紫微星。觅汉筑地脚，雇工夯墙根。[1-6]

竖柱上梁毕，压栈挂拨封。瓦匠雕刻就，坌工舁搬运。[7-10]

灰穕泥糠现，宨刀抿匙轮。摊泥嵌瓦垅，舀浆对砖缝。[11-17]

掉线垒砌匀，调脊封檐牢。签山安稳兽，填陷抹墙平。[18-24]

前后修葺就，里外补配停。一座抱厦院，三楹过道厅。[25-29]

【注释】

1. 拣择：挑选。
2. 黄道日：吉利日子。
3. 紫微星：天上的星宿。
4. 觅汉：雇佣佃农。
5. 地脚：地基。
6. 夯（hāng）：用专门的工具捶砸，将地基或地面压实。
7. 压栈：指钉平铺在椽子上的木板。
8. 拨封：指博风板，钉在檩条顶端，起防风雨、遮挡檩头及装饰作用。
9. 坌工：干粗活的人。
10. 舁（yú）：多人用手抬。
11. 灰穕（liàn）：指将谷糠等掺入石灰中做成的用来抹墙的灰泥。
12. 现：呈现出来。
13. 宨刀：瓦刀，泥瓦工的一种工具，形状像刀，用来砍断砖瓦和涂抹泥灰等。
14. 抿匙：泥瓦工的一种工具，用来涂抹泥灰。

建房工具

屋顶

15. 轮：或是指工匠熟练操作瓦刀和抿匙。
16. 瓦垅（lǒng）：即瓦垄，屋顶上用瓦铺成的凸凹相间的行列。此句意为用灰泥将瓦际间的缝隙填充起来。
17. 浆：指砌砖用的灰泥。
18. 掉线：指用铅垂线观测墙壁砌得是否垂直。
19. 调脊：指将屋脊的棱线调节到位。
20. 封檐：指为防雨而在屋檐下安置的面板。
21. 签山：签，或指签尖，为砖檐顶部攒尖墙帽。山，或指山墙。
22. 安：安装。
23. 稳兽：指鸱吻，为中式房屋屋脊两端陶制的兽形装饰物。
24. 陷：指凹进之处。
25. 修葺（qì）：修理（建筑物）。
26. 就：完成。
27. 停：妥当。
28. 抱厦：房屋前面加出来的门廊，也指后面毗连的小房子。
29. 楹：量词。房屋一间为一楹。

【助读】

此部分叙述了修建宅院房屋的相关事宜。

【原文】

鸡子石引路，挂面砖仪门。粉壁圬工墙，水磨剔透成。[1-7]

明楼客位厢，仕室书斋屏。周围大罣圞，转遭场圃存。[8-16]

菜畦果木园，水阁养鱼池。岔耳猪羊圈，宅后牛马棚。[17-19]

拐角粪圪塄，旁边屎尿坑。安辘轳桔槔，甃浇灌泉井。[20-23]

【注释】

1. 鸡子石：指卵石。
2. 挂面砖：指表面有装饰层的砖块。
3. 仪门：明清官署、邸宅大门内的第二重正门。
4. 粉壁：指粉刷成白色的墙壁。
5. 圬（wū）：用泥抹墙。
6. 水磨（mó）：指对建筑材料的表面加水打磨。
7. 剔透：明澈。
8. 明楼：旧时北方乡居，楼房盖瓦者为暗楼；上层作雉堞形，供观察远望者，称为明楼。
9. 客位：或指供客人住的房舍。
10. 厢：指厢房，正房两旁的房屋。
11. 仕室：或指读书人住的房舍。
12. 书斋：书房。
13. 屏：屏风。
14. 罣圞：指网栏，土围墙。
15. 转遭：指一周遭。
16. 场圃：一块场地，平时种菜，是圃；庄稼收获后，将这片地压

辘轳

实，用来收打作物，是场。

17. 畦（qí）：由田埂分隔成的小块田地。

18. 水阁：临水的楼阁。

19. 岔耳：或指宅院中相邻的不同方向的房子之间留出的空地。一个四合院会有四个岔耳。

20. 圪堎：或指小土堆。

21. 辘轳：利用滑轮原理制成的井上汲水工具。

22. 桔（jié）槔（gāo）：利用杠杆原理制成的一种汲水工具。

23. 甃（zhòu）：用砖石垒砌（井、壁等）。

【助读】

此部分叙述了建造住宅的有关情况。

第二节　治办农具

【原文】

用动举家伙，叫匠修齐整。打车条辐就，投犁撊耙精。[1-9]

辕条钟锏轸，辋辐轴辖轮。横杆木鞅板，鼻桊牛脑环。[10-19]

锹镢斧头快，锄刀镰刃锋。杈机帚箸柄，木杴扫帚橿。[20-25]

各样器械全，堤防来岁用。[26]

【注释】

1. 动举：推动举起。这里指使用。

2. 家伙：指工具。

3. 齐整：完备。

4. 打：制造。

5. 辐：链接车毂和车辋的直条。

6. 就：完成。

7. 投犁：修整犁。

8. 撊：挺出物。

9. 耙：一种用来将土块弄碎的工具。

10. 辕条：古代马车车前的横木。

11. 钟：包在车毂头上的金属套。

12. 锏：嵌在车轴与车毂摩擦部位的铁条。

13. 轸：古代马车车箱底部四周的横木。

14. 辋：古代马车木质车轮周围的边框。

15. 辐：连接车辋和车毂的直条。

16. 辖：插在轴端孔内的车键，防止车轮从轴上脱出。

17. 鞅板：牲口拉车时，夹在其脖颈两侧的一种木质装具。

各种农具

犁

18. 桊（juàn）：穿在牛鼻环上的小铁环或小木棍。
19. 牛脑环：连接“桊”和缰绳的一种金属器具，呈环状，用在牛头上，故称牛脑环。
20. 镢：镢头，一种刨土的农具。
21. 杈：一种用来挑柴草、秸秆等的长柄农具，有两股、三股、四股的区别。
22. 朳：一种无齿耙。
23. 帚笤：笤帚。
24. 木杴（xiān）：杴同“锨”，木杴即木锨，一种农具。
25. 橿（jiāng）：锄柄。
26. 堤防：提防。

【助读】

此部分列举了农业生产所需要的相关器具。

古代马车的车轮

第三节 农业生产

【原文】

秋后翻垈地，春天免芒耕。低窊嫌冷溅，盐卤苗不匀。[1-5]

沙硷畏天旱，沟涧怕水浸。高阜恐春冻，坡凸惧秋风。[6-8]

【注释】

1. 翻垈地：翻土耕地。指秋后深耕，并施以农家肥，使土壤增加肥力，以省却来年耕种麦芒类作物的耕作工序。
2. 芒耕：或指耕种麦芒类作物。
3. 低窊：低洼而易积雨水的地方。
4. 冷溅：当指积水。
5. 盐卤：盐碱，这里指盐碱成分高的土地。
6. 沙硷：硷，旧同“碱”。这里指盐碱成分高的沙性土地。
7. 沟涧：山间的水沟。
8. 高阜：高的土山。

【助读】

此部分叙述不同地况对农业的影响。

翻垡

【原文】

反复辗转耰，从容斟酌种。计厚薄肥饶，丈顷段亩分。[1-9]

修畛堤坝堰，筑旱潦渠塄。估钱粮马草，算差役户丁。[10-17]

除官税私租，量籽粒人工。陆川得三倍，平地得十分。[18-19]

【注释】

1. 辗转：翻来覆去的样子。

2. 耰：定苗后的二、三次中耕。

3. 计：盘算；考虑。

4. 厚：指土地肥沃。

5. 薄：指土地不肥沃，不适宜庄稼生长。

播种

6. 丈：丈量土地。
7. 顷：一百亩为一顷。
8. 段：十亩为一段。
9. 分：一亩为十分。
10. 畛（zhěn）：田间的分界。
11. 堤：挡水的构筑。
12. 坝：挡水的构筑。
13. 堰：挡水的构筑。
14. 旱潦：指旱灾和涝灾。潦，古同“涝”。
15. 渠楞：水渠两边的土棱。
16. 估：测算。
17. 户丁：指户口人丁。
18. 除：指减免。
19. 籽粒：谷类的种子；粮食的稙颗粒。

【助读】

此部分叙述与农业生产相关的事项及税收管理等问题。

【原文】

粳糯麦稗好，豌扁糜谷稔。东冈莜麦长，西岸稻粱成。[1-9]

坡地荞麦收，水地绿豇生。黍稷稀稠慎，菽秫稙穉谨。[10-16]

耙耬垦耩到，耘锄秏耨匀。[17-23]

【注释】

1. 粳（jīng）：水稻的一个品种。
2. 糯（nuò）：水稻的一个品种，米的黏性大。
3. 稗（bài）：一种草，果实可酿酒、做饲料。
4. 豌（wān）：一种草本植物，结荚果。嫩荚和种子可以食用。
5. 扁：指扁豆，一种豆子。
6. 糜（méi）：糜子，一种不黏的黍。
7. 稔（rěn）：庄稼成熟。
8. 莜（yóu）麦：一种粮食作物。
9. 粱：粟的优良品种的总称。
10. 荞（qiáo）麦：一种粮食作物。
11. 豇（jiāng）：豇豆。嫩荚可作蔬菜食用。
12. 黍：一种植物，籽实淡黄色，去皮后称黄米。
13. 稷（jì）：一种粮食作物。
14. 菽（shū）：豆的总称。
15. 秫（shú）：一种黏的高粱，可以做酒。
16. 稙穉（zhì）：穉，后作“稚”。稙，早种早熟的谷类。稚，晚种的谷类。
17. 耙（bà）：一种农具，用来聚拢谷物或平整土地。

左　荞麦
右　豌豆

18. 耰：定苗后的二、三次中耕。

19. 耩（jiǎng）：用耧播种或施肥。

20. 到：指到位。

21. 耘：除草。

22. 耗：铲除（稻田的杂草）。

23. 耨（nòu）：锄草。

【助读】

此部分列举了一些农作物的名称及其种植方式。

耕种

【原文】

犍牛驾耧种，骟马带硌硐。牸乳合二具，草驯联一群。[1-8]

牝牡前边走，驹犊随后跟。早起要迟眠，穮艳须殷勤。[9-13]

两岐占雨露，九穗压沟尘。[14-15]

【注释】

1. 犍（jiān）牛：阉割过的公牛。
2. 耧：播种用的农具。
3. 骟（shàn）马：阉割过的公马。
4. 硌硐（dòng）：砘子。播种覆土后用来压实土壤的石制农具。
5. 牸（zì）乳：即乳牸，哺乳的母牛。

骡子

6. 具：犋。牵引犁、耙等农具的畜力单位。如共拉一张犁或耙的两只牲畜为一犋。
7. 草：雌性牲畜的通称。
8. 骄（jiào）：公驴。
9. 牝（pìn）牡：雌为牝，雄为牡。
10. 驹犊：小马称为驹，小牛称为犊。泛指幼畜。
11. 穮（biāo）：锄地。
12. 耘：或指锄地。
13. 殷勤：勤奋。
14. 两岐：指特异之禾稼，一秆两穗。
15. 沟尘：指田地。

【助读】

此部分叙述了耕作的辛苦。

镰刀

扇车

【原文】

才收夏田毕，转眼秋成临。预爪镰钐刀，备扁担索绳。[1-4]

铡草煮料便，工钱茶饭运。砍割暴晒乾，把束铺排停。[5-13]

牛马车辆载，骡驴驼驮行。大汉背一垛，小厮担两捆。[14-17]

忙忙抬到家，快快闹场中。碌碡碾研遍，落柯连秸誊。[18-24]

杈扒木楸打，簸箕榻车清。[25-28]

【注释】

1. 成：长成，这里指庄稼成熟。

2. 预：预先。

3. 爪镰：一种刀具，用来切下粟等作物的穗部。

4. 钐刀：长柄镰刀。

铡刀

碌碡

5. 铡草：用铡刀切碎喂牲口的草（谷子的秸秆）。

6. 料：指用来喂牲口的食料。

7. 便：不费事，简便。

8. 工钱；指付给雇工的酬金。

9. 砍割：指用镰刀等收割庄稼。

10. 暴（pù）晒：在强烈的阳光下久晒。

11. 把束：指成把成捆地割倒的庄稼。

12. 铺排：安置。

13. 停：妥当。

14. 驼驮：即驮垛，指捆扎成垛供驮运的货物或行李。

15. 大汉：身材高大的男子。

16. 垛：量词。

17. 小厮：旧时指未成年的男性仆从。

18. 忙忙：急匆匆的样子。

19. 抬：合力共举。

20. 闹：干，进行。

21. 场：平坦的空地，多指农家打粮食的场地。

22. 碌（liù）碡（zhóu）：碌碡。碾压用的石滚子。

23. 碾砑（yà）：碾压。

24. 落柯：或指一种脱粒工具。

25. 杈：（chā）：一种用来挑柴草、秸秆等的长柄农具，有两股、三股、四股的区别。

26. 杁：一种无齿耙。

27. 木锨（xiān）：木质的锨，一种农具。

28. 槆（shàn）车：指扇车，一种通过扇风的方法将谷粒从糠秕、尘土等杂质中分离出来的器械。

【助读】

此部分讲述了秋收和打场的有关情况。

【原文】

布袋褡裢装，仓廒窨窖囤。穰秩积成垛，秸秆堆数层。[1-6]

碓硙杵臼快，磨盘碾台平。碥糯米硬面，揧麸糠躤糁。[7-18]

舂麦豆重罗，推莜荞飞尘。簸箕笤帚床，栲栳瓦合盆。[19-23]

竹匣筛箱放，荆篓木柜盛。[24]

【注释】

1. 褡裢：长方形口袋，两端装钱物，中间开口，大的可搭在肩上，小的可挂在腰带上。
2. 仓廒（áo）：粮仓。
3. 窨：地下室。
4. 窖：收藏东西的地洞。
5. 囤：储存。
6. 穰：稻、麦等的秆。
7. 碓（duì）：木石做成的捣米器具。
8. 硙（wèi）：石磨。
9. 杵：舂米或捶衣用的石棒、木棒。
10. 臼：舂粮食的用具，石质或木质，中间凹下。
11. 碥：或指加工粮食的一种劳作。
12. 糯（nuò）米：富有黏性的，从糯稻碾出的米。
13. 硬面：或指高筋度的面团。
14. 揧（là）：研破。
15. 麸（fū）：小麦磨面过箩后剩下的皮。
16. 糠：稻、麦、谷子等的籽实所脱落的壳或皮。

笸箩

簸箕

17. 䜺（chǎi）：碾碎了的豆子。

18. 糁：谷类制成的小渣。

19. 舂：把东西放在石臼或乳钵里捣掉皮壳或捣碎。

20. 重（chóng）罗：一种孔洞细小的罗。

21. 推：此处当指用簸箕处理粮食中的杂质。

22. 栲栳：用柳条编成的一种容器。

23. 瓦合：一种陶制的容器。

24. 荆篓：用荆条编成的篓筐。

【助读】

此部分讲述了收获粮食后，进行再加工和收储的情况。

磨面

【原文】

盉号手搓捏，锅灶笼替蒸。乾湿搅拌停，油盐浆醋匀。[1-3]

火焰紧慢炊，软硬生熟终。吃喝勾余剩，饮饲歉竞争。[4-8]

家无生活计，吃尽斗量金。[9-10]

【注释】

1. 盉号：当是一种食物的名称。
2. 笼替：替通“屉”。笼替即笼屉、蒸笼，用来蒸食物的炊具。
3. 停：停当。
4. 炊：烧火做饭。
5. 勾：古同“够”，达到。
6. 余剩：指剩余。
7. 歉：少。
8. 竞争：为了己方的利益而跟人争胜。
9. 计：生计，谋生手段。
10. 斗量：形容数量之多。

蒸笼

【助读】

此部分讲述了烧火做饭的一些情况，教导人们要会过日子。

〖总结〗

“耕读传家”，指的是既学做人，又学谋生。从某种意义上讲，耕读文化是中国人形成勤劳质朴、崇尚文化精神品质的一个动因。在旧时宅院的匾联中，常可见“耕读”二字。

本章第一节讲盖房、建屋等事宜。本节中提到的建筑，主要是砖木结构建筑。

本章第二节介绍了各类农具，包括农车。各种农具的使用，使生产力得到了空前的提高。

本章第三节介绍了农业生产的各个方面，记述了各种农产品，包括多种杂粮。忻州是中国杂粮之都，有着极其悠久的杂粮种植历史。

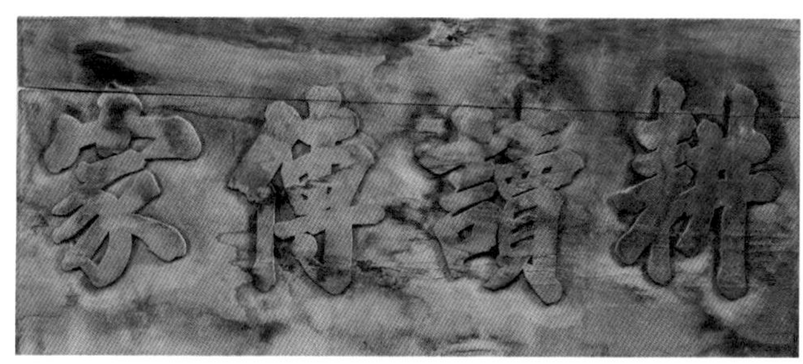

“耕读传家”匾额

货郎图（局部）

明·崔子忠

第七章　注重经商

第一节 经商启蒙

【原文】

挑选管家内，拣择奴婢中。老幼留侍候，强壮当军丁。[1]

机巧学手艺，诡怪住衙门。忠厚务庄农，豁达出外引。[2-8]

【注释】

1. 军丁：士兵，兵卒。
2. 机巧：指机敏灵巧的人。
3. 诡怪：指奸猾诡诈的人。
4. 住衙门：指在官府中当差。
5. 务：从事。
6. 庄农：代指农业劳动。
7. 豁达：指心胸开阔的人。
8. 引：荐举。学习经商，一般是从地位最低的伙计做起，并且要由人引荐、担保。

【助读】

此部分叙述不同性格和才能的人可能胜任的职业。

【原文】

能写会算得，才当买卖人。合下好伙计，掌上财主本。[1-5]

租典赁铺面，立约写合同。股分有整零，主张别副正。[6-13]

赊欠账目慎，斛斗尺秤公。协力山成玉，同心土变金。[14]

【注释】

1. 得：完成，实现。

2. 合：聚集。

3. 伙计：旧指店员或长工等人。

4. 掌：主管。

5. 本：本钱。

6. 租：出钱租用别人的东西。

7. 典：抵押。

8. 赁：租用。

9. 铺面：临街的店铺。

10. 约：约定。

11. 主张：见解。

12. 别：区别。

13. 副正：指主体的和辅助的。

14. 斛（hú）：旧量器名。一斛本为十斗，后改为五斗。

【助读】

此部分叙述了经商的一些情况。

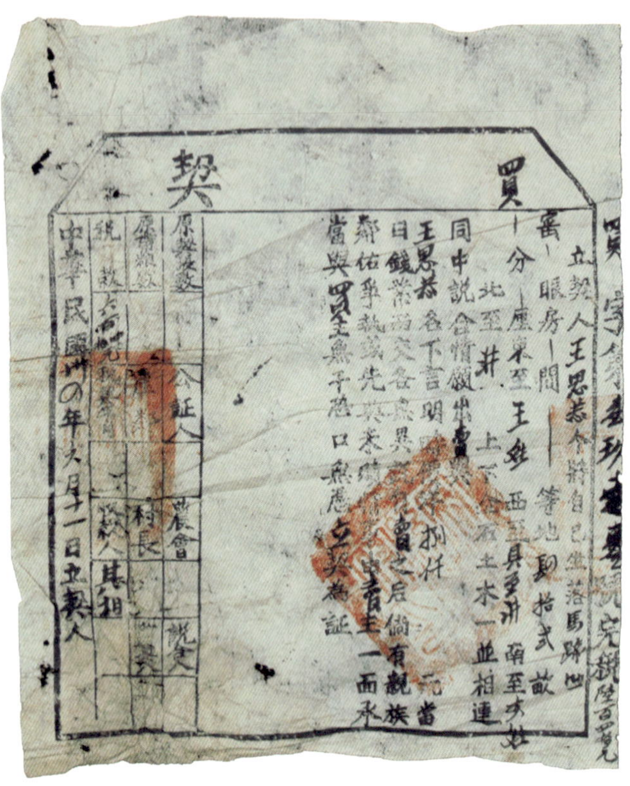

買契

立契人王思恭今將自己坐落馬路[illegible]

[illegible]眼房一間[illegible]地[illegible]畝

一分[illegible]東至王[illegible]西至[illegible]南至[illegible]

北至[illegible]上[illegible]土木一並相連[illegible]

同中說合情願[illegible]

王思恭各下言明[illegible]

日後[illegible]有親族

[illegible]

當與買主無干恐口無憑立契為證

原契張數

原價銀數

稅款

公證人

農會

村長

說合人

中華民國[illegible]年[illegible]月[illegible]日立契人

民国时的房屋买契

斗

第二节 杂货名称

【原文】

跑东西二京，走苏杭临清。贩奇珍异宝，换铜钞金银。[1-3]

蜜蜡金刚钻，玻璃土水晶。玛瑙砗磲盏，珊瑚琥珀珍。[4-11]

象牙犀角光，珐琅琉璃新。[12-13]

【注释】

1. 二京：本词有多重含义，这里或是指西汉京都长安（陕西西安）和东汉京都洛阳。
2. 苏杭：苏州和杭州。
3. 临清：指山东临清。
4. 蜜蜡：一种矿物，与琥珀同类而色淡。
5. 金刚钻：即金刚石，一种矿物，是自然界中天然存在的最坚硬的物质。
6. 土水晶：或指一种状貌像水晶的物质。
7. 玛瑙：一种玉石。
8. 砗（chē）磲（qú）：指一种次于玉的美石。
9. 盏：小杯子。
10. 珊瑚：许多珊瑚虫的骨骼聚集物。
11. 琥珀：一种很硬的树脂化石。
12. 犀角：犀牛的角，比较珍贵。
13. 珐琅：一种涂料。

【助读】

此部分列举了商人贩卖的各种贵重物品的名称。

玛瑙矿石

琥珀

紫水晶

象牙

红珊瑚

清乾隆年间的铜胎掐丝珐琅花卉纹盖炉

【原文】

发颜料纸张，卖果木书文。锡箔胶鱼鳔，桐油漆陀僧。[1-5]

乌棓白黑矾，槐花胭脂红。苏木西红土，大绿硝铜青。[6-12]

银朱飞黄丹，硫黄活水银。红白铜倭铅，片靛桃花粉。[13-20]

松香黄白蜡，藤黄石旸青。[21-24]

【注释】

1. 发：送出，交付。
2. 锡箔（bó）：上面涂着一层薄锡的纸。
3. 鱼鳔（biào）：鳔是鱼类体内可以涨缩的气囊，鱼借以沉浮。这里指用鳔熬制出的一种黏合力很强的胶。
4. 桐油：用油桐果实榨出的油，可制造油漆、油墨。
5. 陀（tuó）僧：或指佛像。
6. 棓（bèi）：指五倍子，一种药材，也可做染料。
7. 矾：一种矿物，是某些金属硫酸盐的含水结晶。

棓

苏木

银朱

8. 槐花：槐树的花蕾，是一种药材。
9. 胭脂：一种红色的化妆用品。
10. 苏木：一种树，是一种药材。可做红色颜料。
11. 西红土：一种深红而略带紫色的矿物颜料。
12. 硝铜：应当是一种青色颜料。
13. 银朱：硫化汞，是一种红色颜料。
14. 飞黄：应当是一种红色颜料。
15. 丹：红色。
16. 硫黄：一种黄色矿物，可以制火药等，亦可治皮肤病。
17. 活水银：水银是流动的金属，故而雅称流珠。水银可入药，有消毒、泻下、利尿等功效。
18. 倭铅：锌的古称。
19. 片靛：当时一种蓝色染料。
20. 桃花粉：胭脂，是一种女子化妆的用品。
21. 松香：松树脂，加工后是制造油漆、肥皂、纸等的工业原料。

黄丹

松香

孔雀石

22. 蜡：动物、植物或矿物所产生的油质，具有可塑性，易熔化，不溶于水。
23. 藤黄：一种小乔木，树皮渗出的黄色树脂经炼制，可作绘画用的黄色颜料。
24. 石旸青：旸，指晴天。石旸青或指一种青色颜料。

【助读】

此部分列举了商人贩卖的颜料的名称。

货郎图　　北宋 · 苏汉臣

【原文】

湖笔徽州墨，朱沙锡点铜。高丽毛六纸，刷绿曲双红。[1-9]

川连五色表，毛头蜡尖云。草纸千古连，黄梅木净红。[10-16]

刷黄蓝毛本，全柬古护封。[17-20]

【注释】

1. 湖笔：产于浙江湖州的毛笔。
2. 徽州：指徽州府，元朝至清朝行政区划名。
3. 朱沙：即朱砂，一种矿物，可作红色颜料用。
4. 锡点铜：一种锡器。“点铜”是清代锡业者对含锡量达百分之七十以上的精致锡器的一种称呼。
5. 高丽：朝鲜历史上的王朝。
6. 毛六纸：也称“毛鹿纸”，纸质稍逊于毛边纸。
7. 刷绿：一种制作对联、年画等的工艺。
8. 曲：弯折。
9. 双红：一种彩绘套色工艺。
10. 川连：指川连纸，产自四川，比粉连纸略黄，较有韧性。
11. 表：或指黄表纸。
12. 毛头：指毛头纸，一种纤维较粗、质地松软的白纸，多用来糊窗户或包装。也叫东昌纸。
13. 蜡尖：指蜡笺纸，其表面涂了蜡，可抗水抗虫蛀。
14. 草纸：用稻草等为原料制成的纸，质地粗糙。
15. 黄梅木：黄梅古树。
16. 净红：一种以黄梅木为原料制作的纸，色泽明艳。

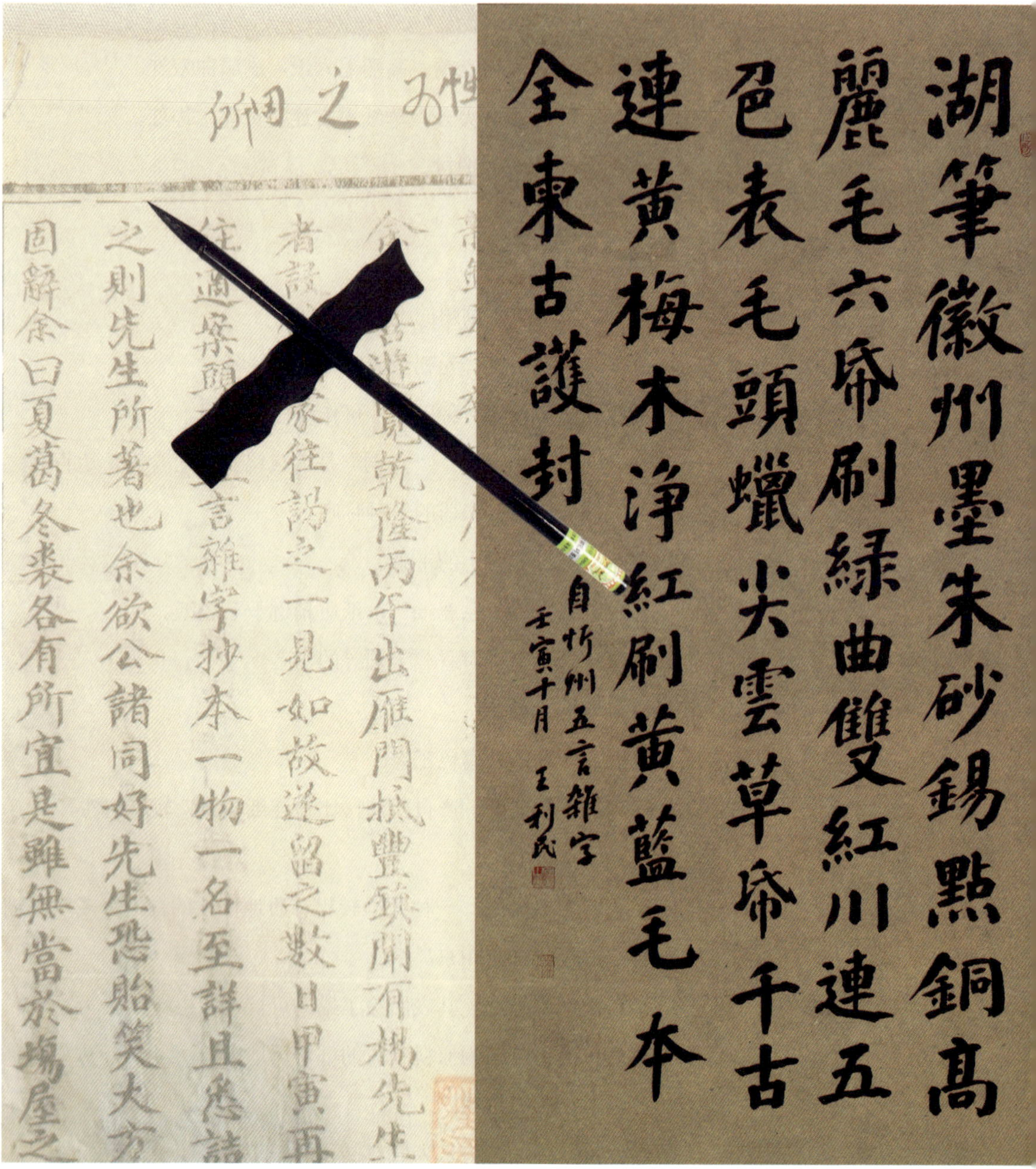

湖筆徽州墨朱砂錫點銅高
麗毛六厤刷綠曲雙紅川連五
邑表毛頭蠟尖雲草厤千古
連黃梅木淨紅刷黃藍毛本
全柬古護封
自忻州五言雜字
壬寅十月 王利民
之則先生所著也余欲公諸同好先生恐貽笑大方
固辭余曰夏葛冬裘各有所宜是雖無當於場屋之

17. 刷黄：指刷黄纸，是富春竹纸的一种。
18. 毛本：指毛本纸。
19. 柬：信件、名片、帖子等的泛称。
20. 护封：指护封印，多用在信札的封口处，功能是防止别人偷窥信的内容。

【助读】

此部分列举了商人贩卖的一些文具、纸张名称。

【原文】

花椒胡椒辣，鲜姜茴香馨。松萝天池茶，龙团及松茗。[1-4]

阳羡并武夷，贡尖与芥茗。金砖蒙山贵，雀舌大叶嫩。[5-12]

毛尖细六安，冰糖赤沙红。[13-15]

【注释】

1. 松萝：指松萝茶，一种绿茶，产于安徽歙县松萝山。
2. 天池：指天池茶，一种绿茶，产于苏州。
3. 龙团：指龙团茶，宋代贡茶，饼状，上印有龙纹。
4. 松茗：指松茗茶，一种绿茶。
5. 阳羡：指阳羡茶，一种绿茶，产于江苏宜兴。
6. 武夷：武夷茶，一种乌龙茶，产于福建武夷山。
7. 贡尖：指贡尖茶，一种黑茶，产于湖南安化。

各种茶叶

8. 芥茗：指岕茶，产于浙江长兴县。

9. 金砖：指金砖茶。

10. 蒙山：蒙山茶，一种绿茶，产于四川雅安蒙顶山。

11. 雀舌：指雀舌茶，一种用嫩芽焙制的上等芽茶。

12. 大叶：指大叶茶，即普洱茶，产于云南。

13. 毛尖：茶叶的一个品种，一般为绿茶或黄茶。一芽一叶、一芽两叶茶青炒制后命名为毛尖。

14. 六安：指六安茶，产于安徽六安。

15. 赤沙：指赤砂糖，一种蔗糖。

【助读】

此部分主要列举了商人贩卖的调味品、茶叶等的名称。

茶砖

【原文】

枝圆核桃栗，甘蔗橄槟榔。金银果花粘，桑葚白果榛。[1-8]

山查枇杷酸，苹果瓜子仁。杨梅鲜葡萄，蜜饯乾橘饼。[9-12]

地梨赤牙枣，荸荠菱角橙。柿饼荔枝甜，莲肉松瓤香。[13-18]

杂货摆设全，闹市开铺门。

【注释】

1. 枝圆：指桂圆，是一种水果。
2. 橄：指橄榄，一种橄榄属常绿乔木，果实可生食，也可制蜜饯。
3. 槟榔：一种常绿乔木，果实可作药材，有杀虫、助消化的功效。
4. 金银果：一种树，果实为药材，有消炎、抗病毒的功效。
5. 花粘：或指将谷物膨化，然后用糖黏结起来。
6. 桑葚：桑树的果实。
7. 白果：银杏树的果实。
8. 榛：一种小树，其果实为榛子。
9. 山查（zhā）：即山楂，一种果树，其果实味酸。
10. 枇杷：一种常绿乔木，其果实可食用。
11. 蜜饯（jiàn）：又称果脯，是用浓糖浆浸渍或煎煮后的果品。
12. 橘（jú）：一种常绿乔木，其果实可食用。
13. 地梨：一种草，野生在湿地里，地下茎像荸荠，可以吃。
14. 牙枣：枣的一种，其形尖长似牙。
15. 荸荠：一种草，生长在沼泽或浅水中，其块茎可以吃。

16. 菱角：一种水草，果实有两角，可以吃。

17. 莲肉：莲子的别称。

18. 松瓤：松仁。

【助读】

此部分列举了商人贩卖的各种水果和干果的名称。

第三节 建功立业

【原文】

个个有营干，自己一闲身。静坐看史册，举步车马乘。[1]

前诃鞑官引，后殿常随跟。弓箭提鸟枪，撒带系皮鞓。[2-8]

左右会弩射，手下武艺精。[9]

【注释】

1. 营干：办事、干活。
2. 诃（hē）：同“呵”，呵斥，呵责。
3. 鞑官：对明朝初期投降明朝的北方少数民族的一种称呼，主要指的是蒙古族的贵族或官员。
4. 后殿：指走在最后。
5. 常随：官吏的随从人员。
6. 鸟枪：旧时的火枪。
7. 撒：系；塞。
8. 皮鞓：皮革制成的腰带。
9. 弩射：指用弩发射弓箭。弩是一种用机械力量射箭的弓。

【助读】

此部分叙述了一些与武官有关的情况。

【原文】

牵胭脂赤兔，披海骝粉青。跑银羯枣骝，刷黄沙五明。[1-10]

喂镳黄花豹，饮栗色青鬃。拉乌锥红沙，拴银蹄玉顶。[11-17]

沙鱼皮鞍鞊，鍮银镔铁镫。鍮金鞦辔啮，丝韁红口胸。[18-27]

毛屉藤条鞭，氆氇褥毛绒。跨上飞走撺，骗骑颠跳奔。[28-32]

【注释】

1. 胭脂：由胭脂虫雌虫的干燥身体组成的一种红色染料。这里指指像胭脂一样的红色。

2. 赤兔：指赤兔马，骏马名。

3. 披：覆盖在肩背上。

4. 海骝：指海骝色马，这种马黑蹄黑尾黑鬃，身上为骝色。

5. 粉青：指粉青色。

6. 银羯（jié）：或指一种骏马。

马镫

马鞍

7. 枣骝：指枣骝马，一种骏马，红色。
8. 刷：选择；清洗。
9. 黄沙：指黄沙马。
10. 五明：指五明马，一种良马。
11. 镳（biāo）黄：或是指一种黄色的马。
12. 花豹：指豹花马，一种骏马，体毛具类似花豹的纹路。
13. 青鬃：指青鬃马，马的鬃毛是青色的。
14. 乌锥：即乌骓，古代项羽的一匹骏马。
15. 红沙：指红沙马。
16. 银蹄：马蹄部位为白色。
17. 玉顶：白额的马，俗称玉顶马。
18. 沙鱼：鲨鱼。
19. 鞍：套在骡马背上便于人骑坐的东西。
20. 鞊：垫在马鞍下，垂于马体两边的垫子。
21. 鏩（jiàn）：《集韵》解释为“臿也”。臿，指夹杂、穿插。
22. 镔（bīn）铁：精铁。
23. 镫：挂在马鞍两旁的铁制踏脚。
24. 鞦（qiū）：同“鞧”。驾辕牲口屁股上的皮带子。
25. 辔（pèi）：驾驭牲口的笼头，套在牲口头上，上面连接着嚼子和缰绳。
26. 啮（niè）：咬。
27. 韁：同“缰”。
28. 毛屉（tì）：或指鞍屉，马鞍垫子。
29. 氆氇：藏族地区生产的一种毛织品，可做衣服、床毯等。

30. 撺（cuān）：跳。

31. 骗骑：骗，一条腿抬起跨上去或跳过去。骗骑指跃上马背

32. 颠：上下跳动。

【助读】

此部分列举了一些马匹的名称和驾驭马匹的装具名称。

十六神骏图（局部）　　唐 · 韩干

【原文】

教场演武厅，练操马步兵。太平修文事，反乱立武功。[1-6]

南征苗蛮界，北镇归化城。旌旗遮日月，火炮震乾坤。[7-9]

杀得贼寇败，得功早回京。凯歌前边走，胜鼓后头鸣。[10]

皇上龙心喜，天子尊意欣。加官增福禄，子袭父职品。[11-13]

【注释】

1. 教场：旧时操练和检阅军队的场地。

2. 演武厅：操练武艺的厅堂。

3. 练操：训练队列，操练队列。

4. 修：整治。

5. 文事：关于文化、教育的事务。

6. 反乱：叛乱。

7. 苗蛮：指苗蛮族，上古时期的部族。

8. 镇：以武力维持安定。

9. 归化城：位于今内蒙古呼和浩特市玉泉区。

10. 凯歌：得胜时所唱的歌。

11. 尊意：阁下的意思。

12. 袭：照样继续下去。

13. 职品：指官职品级。

【助读】

此部分叙述了练兵、征战和立功归来接受封赏的情况。

〖总结〗

本章前两节介绍了经商的相关内容。

中国自古“重农抑商”，但是在明清时期，这一现象得到了很大的改变，商人地位得到了提高。清廷入关后，多尔衮和顺治皇帝曾经宴请了当时财力最为雄厚的八个晋商；此后，又推行“恤商”的政策，为商人加封官职。

有人说：凡是有麻雀的地方，就有山西商人。晋商作为古代中国第一大商帮，极大地推动了当时经济的繁荣。

晋商一直秉持诚信和团结的宗旨，这引来各地商人的效仿。在中华大地上，晋商无愧为所有商人的楷模。

本章第三节叙述了与征战相关的内容。在古代，普通人加官晋爵的途径除了科举考试外，便是参军入伍获取军功了。相比科举考试而言，这一条路更加残酷。

第八章　婚嫁礼俗

第一节 居家

【原文】

告假探原籍，奉旨重祭宗。舍旁绿柳茂，宅前池水清。[1-4]

太湖石照旧，牌匾金字新。小桥中间搭，栏杆两下存。[5]

正房嫡妻妾，偏房如夫人。妓女来弹唱，丫鬟捧茶樽。[6-12]

珍馐百味食，玉液琼浆饮。琴棋观书画，儿女耍孩童。[13-15]

【注释】

1. 告假：请假。
2. 探：看望，访问。
3. 奉旨：遵从旨意。
4. 祭宗：祭拜祖先（祖父辈以上的）。
5. 太湖石：江苏太湖出产的一种石头，上面多洞窍和皱褶，形态美观，建造园林时常用之堆叠假山。
6. 正房：旧指原配妻子、大老婆。
7. 嫡（dí）：封建社会中的正妻和正妻所生的长子。
8. 妾：旧时男人娶的小老婆。
9. 偏房：旧时称妾为偏房。
10. 如夫人：妾的代称。
11. 妓女：古代以歌舞为业的女子。
12. 樽：古代的盛酒器具。
13. 珍馐（xiū）：珍奇名贵的食物。
14. 玉液琼浆：指美酒。
15. 耍：玩弄、戏弄。

【助读】

此部分讲述了富贵人家的生活状况。

荷亭奕钓仕女图轴（局部）　　五代·周文矩（传）

第二节 婚嫁

【原文】

光阴快如箭，岁月倏忽增。女大学针指，男长读书文。[1-2]

匹配婚姻际，招门纳婿辰。访门当户对，察二姓相同。[3-9]

良缘由天定，佳偶自人成。请媒婆妁妇，央月老冰翁。[10-15]

说张家允诺，传李氏订盟。占佳期纳彩，卜吉日定亲。[16-21]

【注释】

1. 倏（shū）忽：极快地。
2. 针指：针线活。
3. 际：时候。
4. 招门：招进门。
5. 纳婿：指男方入赘女方为婿。

刺绣

6. 辰：时日。

7. 访：向人询问。

8. 察：调查、考察。

9. 二姓：指缔结婚姻的两家人。

10. 良缘：美满的姻缘。

11. 媒婆：旧时以说合婚姻为职业的妇女。

12. 妁：媒人。

13. 央：恳求。

14. 月老：月下老人，是中国民间传说中主管婚姻的神仙，后用以泛指媒人。

15. 冰翁：岳父。

16. 传：转授。

17. 订盟：订婚仪式的一种，意为婚姻说合，送订婚礼金。

18. 占：迷信的人用铜钱或牙牌等判断吉凶。

19. 佳期：婚期。

20. 纳彩：订婚仪式的一种，男女双方互赠礼物。

21. 卜：占卜。

【助读】

此部分讲述了男女双方择偶定亲的有关情况。

【原文】

宰猪羊数口，做美酒几瓶。买海味乾菜，置椒料时芹。[1-2]

泡银鱼海带，煮燕窝海参。洗鲞鱼蘑菇，㵾紫菜海粉。[3-6]

烧猪首羊头，煎肚肠肺心。煞荤素菜蔬，拨芫荽韭葱。[7-9]

芥根苜蓿芽，蕨薇嫩竹笋。葫芦萝卜瓠，白苔蒜蒜红。[10-16]

蔓菁腌碁莛，茄薤脆藕根。菠菜生莴苣，瓜条乾片粉。[17-23]

炒鸡卵鸭蛋，熥豆腐面筋。和肥头白面，捏扁食点心。[24-27]

蒸稍卖馄饨，烙馎饦馅饼。扯饊炸雪糕，元宵糯米粽。[28-34]

火烧荡面角，稻米要熏蒸。拉银系面条，泼茶汤藕粉。[35-42]

米粥饸饹熟，馒头锅盔生。蒸炉食方便，汤水饭未终。[43-44]

【注释】

1. 置：购买。

2. 芹：指水芹，有清热利湿、止血、降血压等功效。

3. 燕窝：南亚及其邻近岛屿上的几种小雨燕的巢，主要由燕子的唾液腺的黏性分泌物干燥而成，可供食用。

4. 鲞（xiǎng）鱼：腌鱼；干鱼。

5. 㵾：或指用水将干菜、干海产等泡软。

6. 海粉：干燥后的刺海兔卵，可供食用。

7. 煞：或指将食材稍煮一下。

8. 拨：用手指或棍棒等推动或挑动。

9. 芫荽：一种蔬菜，通称香菜。

10. 芥根：指芥菜的根茎。

11. 苜蓿：一种草，多为牲畜饲料，也可当菜供人食用。

“原平锅盔”门店

制作好的锅盔

饸饹床

12. 蕨（jué）：多年生草本植物，嫩叶可食。
13. 薇（wēi）：一种草本植物，可食。
14. 瓠（hù）：指瓠瓜。
15. 白苔：一种植物。
16. 蓣（yù）：指山药。
17. 蔓菁：一种草本植物，叶子、根均可食用。
18. 腌：用盐浸渍食物。
19. 莙荙：一种草本植物菜，茎、叶均可食用。
20. 薤（xiè）：一种植物，鳞茎和嫩叶可食用。
21. 莴苣：一种植物，茎和嫩叶均可食用。
22. 瓜条：一种把冬瓜瓜肉切成条状，用糖腌制而成的食品。
23. 片粉：一种用红薯制成的食品。
24. 煿（bó）：煎炒或烤干食物。
25. 面筋：面粉加水拌和，洗去其中所含的淀粉，剩下凝结成团的混合蛋白质就是面筋。
26. 肥头：即面肥、面起子，是发面时用来引起发酵的面块，内含大量酵母。
27. 扁食：饺子或馄饨。
28. 稍卖：即稍麦，一种蒸制的包馅面食。
29. 馄饨：一种用面粉做成薄皮，内包少量肉馅，煮熟后带汤食用的食品。
30. 馎（bó）饦（tuō）：即汤饼，古代一种水煮的面食。
31. 扯饡：或是一种面食。
32. 炸（zhá）：把食物放入沸油中弄熟。

33. 雪糕：一种白色米糕。

34. 元霄：霄通“宵”。元宵，用糯米粉做成的球形食品。

35. 火烧：表面没有芝麻的烧饼。

36. 荡面：一种传统的制作米面的方法。

37. 角：这里指蒸饺。

38. 熏：熏制。

39. 拉：使延长，这里是指制作面条的一种方法。

40. 银系面条：或指白面面条。

41. 泼：猛力倒水使散开。

42. 茶汤：茶水。

43. 饸饹：中国传统面食，用器械把和好的荞麦面、高粱面等轧成长条，煮着吃。

44. 锅盔：较小的锅饼。

【助读】

此部分列举了婚宴要加工的食材以及要制作的各种饭食。

【原文】

厨工将来到，茶房也进门。切刀案板便，磁盔瓦罐同。[1-4]

炉锥皮鞴匣，木甑箅床笼。笊篱舀杓瓢，柤杖担水桶。[5-12]

柴炭熡爇烧，批撕剉剁烹。白煮割大块，酱熝剉碎纷。[13-18]

醋熘爆腌就，小炒大爊成。肉丸饷肠焦，生鸡鲜鱼爊。[19-24]

饸餎且那后，攒盒早办振。[25-29]

【注释】

1. 厨工：厨师的助手。

2. 茶房：旧称茶馆、旅店、剧场等处的供应茶水及做杂务的工人。

3. 便：近便。

4. 磁盔：磁同“瓷”，指瓷盔，一种瓷质器皿。

5. 炉锥：或是指捅炉火的铁条，晋中一带称为火柱。

6. 鞴匣：风箱，一种给灶火吹风的器械。

7. 甑（zèng）：古代蒸饭用的一种瓦器。

8. 箅（bì）：箅子，有空隙而能起间隔作用的片状器具。

9. 床笼：或指蒸笼。

10. 笊篱：用竹篾、柳条或铁丝编织而成的网状工具，用来从汤水中捞出东西，滤去水分。

11. 杓：同“勺”，勺子。

12. 柤杖：或指挑水用的扁担。

13. 熡：一种烹饪法，在热锅里加油，油热后先放作料，然后放菜。

14. 爇（ruò）：烧。

笊篱

15. 批：分开、分解。

16. 剉（cuò）：铡切；斩剁。

17. 酱：用发酵后的豆、麦等做成的一种调味品。

18. 煿（bó）：煎炒或烤干食物。

19. 醋馏：即醋溜，一种烹饪方法，炒菜时加入适量醋后进行溜炒。

20. 爆：一种烹饪方法，快速地用油烹炒。

21. 腌：用盐浸渍食物。

22. 就：完成。

23. 大爊：熏制食物。

24. 饷肠：或指四川腊肠。

25. 饸：一种面食。

26. 且：表示暂时。

27. 那：移动。后作“挪”。

28. 攒盒：一种分成多格用以盛糕点、果肴等食物的盒子。

29. 振：或指办理好。

【助读】

此部分列举了办理婚宴时所用的灶具、炊具，并简单讲解了一些食物的烹饪方法。

攒盒

【原文】

净扫堂前地，摆列帐帏屏。设靠床杌子，放桌椅板橙。[1-5]
借锡壶银盏，揩金杯玉瓶。展褥被紬缎，铺毡毯绫绒。[6-11]
排匙盘箸碟，拾碗瓯钵樽。[12-18]

【注释】

1. 帐帏：帷帐。
2. 屏：屏风。
3. 设：布置。
4. 靠床：有靠背的坐卧器具。
5. 杌（wù）子：小凳子。
6. 锡壶：锡制的壶。
7. 银盏：银制的杯子。

杌子

8. 揩：擦，抹。

9. 细缎：绸子和缎子，两种丝织品。

10. 绫：一种很薄的丝织品，一面光，像缎子。

11. 绒：棉、丝或毛制成的纺织品，上面有一层细毛。

12. 排：安排。

13. 匙：小勺子。

14. 箸：筷子。

15. 拾：整理。

16. 瓯：杯子。

17. 钵：洗涤或盛放东西的陶制器皿。

18. 樽：古代盛酒的器具。

【助读】

此部分叙述为办婚宴而做的准备工作。

【原文】

筵席都妥当，乐工优人临。拿铙钹锣鼓，戴纱帽幞头。[1-4]

背银铠旗号，抱枪刀棒棍。仓卒新亲至，鼓手吹打起。[5-8]

筝笛配秦箫，琵琶合胡琴。云罗敲字样，笙管品曲令。[9-16]

【注释】

1. 乐工：掌管音乐的官吏。
2. 优人：古代以乐舞、戏谑表演为业的艺人。
3. 铙钹：铙和钹，两种打击乐器。
4. 幞（fú）头：古代男子用的一种头巾。
5. 铠（kǎi）：指铠甲，古代作战时用来保护身体的衣服。
6. 旗号：旧时标明军队名称或将领姓氏的旗子。

农村婚礼现场之准备宴席

7. 仓卒：同“仓猝”，匆忙急迫。
8. 新亲：旧俗结婚时，男女双方家属的互称。
9. 秦箫：一般指排箫，一种吹奏乐器。
10. 合：结合。
11. 胡琴：中国古代北方西方少数民族所用乐器的统称。
12. 云罗：指云锣，又称九音锣，打击乐器，用十面小锣编排而成。
13. 字样：或指乐谱。
14. 笙管：指笙，一种吹奏乐器。
15. 品：指吹弄乐器。
16. 曲令：指乐曲和短的词调。

【助读】

此部分叙述了婚礼上乐队演奏的情形。

【原文】

宾东分首次，两姓叙寒温。丈人岳母候，侄郎女婿等。[1-8]

从堂伯叔伴，姑舅两姨拱。父母爹娘待，姊妹兄弟擎。[9-15]

外祖老姥敬，妻妗表婶恭。妯娌姑嫂接，内姐媳甥引。[16-20]

亲戚俱就位，邻友皆坐定。先吃茶三盏，再把酒杯斟。

果碟攒盒上，盔碗冰盘轮。七般八样掇，九等十道捧。[21-28]

推荤转素味，替壶换大钟。杯茗由人报，酒令因时行。[29-34]

好戏点几出，赏赐甚无穷。主客相酬酢，你我共周巡。[35-37]

羊羔状元红，老潞蜜林檎，男亲面点珠，女眷腮沾红。[38-43]

【注释】

1. 宾东：来宾和主人。
2. 首次：首和次，指坐席的尊卑位置。
3. 两姓：指结成婚姻关系的两家。
4. 叙：述说。
5. 寒温：指问候冷暖、起居。
6. 候：等候。
7. 侄郎：侄女的丈夫。
8. 等：候，待。
9. 从：宗族中次于至亲的亲属。
10. 堂：共祖父的亲属关系。
11. 伯：父亲的哥哥。
12. 叔：父亲的弟弟。
13. 两姨：两人互为姨亲关系。

14. 拱：两手抱拳上举，表示敬意。

15. 擎：向上托。

16. 老姥：老妇人。

17. 表婶：表叔的妻子。

18. 妯娌：兄弟的妻子的合称。

19. 姑：丈夫的姐妹。

20. 内姐：妻子的姐姐。

21. 攒（cuán）盒：一种分成多格用以盛糕点、果肴等食物的盒子。

22. 上：进献，送上。

23. 奁：盒子一类的器皿。

24. 冰盘：大的瓷盘。

25. 轮：依次更替。

26. 掇：用手端。

27. 等：种，类。

28. 道：量词。

29. 推：除去。

30. 钟：杯子。

31. 杯茗：一杯茶。

32. 酒令：喝酒时助兴取乐的游戏。

33. 因：依，顺着。

34. 行：做。

35. 出：戏曲的一个独立剧目。

36. 酬酢（zuò）：宾主相互敬酒。

37. 周巡：巡绕。

38. 羊羔：指羊羔酒，中华传统名酒。

39. 状元红：一种名酒。

40. 老潞：或是一种酒名。

41. 蜜林檎：一种名酒。

42. 男亲：或指男性亲属。

43. 女眷：或指女性亲属。

【助读】

此部分列出了参加婚礼的亲戚，并讲述了婚宴的有关情况。

农村婚礼现场之迎亲

【原文】

午后酒席散，方检聘礼文。上写花素缎，下具胜洒绫。[1-5]

氅衣衮金边，衲袄石榴红。绣花青通神，蓝褦硫黄裙。[6-10]

梅桂纱外套，闪色绉蟠襟。金镶玉满冠，累丝簪嵌珍。[11-18]

戒指银牌环，细银煮镀金。丁香大耳坠，项圈踢脚铃。[19-22]

手镯偏凤钗，荷包烟袋新。[23-25]

【注释】

1. 检：翻阅。
2. 聘礼文：指古代结婚时，男家送给女家财物的清单。
3. 花：指具有条纹或图形，且不只一种颜色。
4. 素：颜色单纯，不艳丽。
5. 具：写。
6. 氅衣：大衣。
7. 衮：后多作“滚”，同“绲”，指一种缝纫方法，沿着衣服等的边缘缝上布条、带子等，形成圆棱形的边。
8. 衲袄：一种斜襟的夹袄或棉袄。
9. 褦：指单衣，单层的长衣。
10. 硫黄：一种矿物。这里指像硫黄般的黄色。
11. 梅桂：这里或是指织物上有梅花和桂花的图案。
12. 闪色：指织物通过采用对比强烈的异色经纬来取得的颜色。有深青闪大红、红闪绿、红闪青、豆青闪红等品种。
13. 绉：一种有皱纹的丝织品。
14. 蟠：遍及。

氅衣

15. 镶：把物体嵌入另一物体上或加在另一物体的周边。

16. 累丝：一种将金银拉成丝，然后编成辫股或各种网状组织，再焊接于器物之上的加工工艺。它是有记录可查的最早的珠宝制造工艺之一。

17. 簪：一种用来绾住头发的首饰。

18. 珍：珠玉等宝物。

19. 细：直径小的长条东西。

20. 镀金：在器物的表面镀上一层薄金子。

21. 丁香：这里指耳坠是丁香花的形状。

22. 踢脚铃：指缀在鞋上或衣服下摆上的一种铃铛，走路时会发出声音。
23. 偏凤钗：指镶着侧立凤凰的钗子。
24. 荷包：人们随身佩带的一种装零星物品的小包。
25. 烟袋：吸旱烟或水烟的用具。

【助读】

此部分讲述了聘礼的内容。

耳坠

荷包

手镯

烟袋

【原文】

各色查收毕，约定过门辰。为男置嫁装，因女也赔衬。[1-7]

首饰叫银匠，裁衣请针工。帆绢花汗巾，绦带布手巾。[8-11]

硃漆立竖柜，抽屉南梧桐。条桌万卷书，古铜洗脸盆。

牙刷福建篦，黄杨全梳栊。皮箱穿衣镜，门帘铺枕床。[12-14]

手帕方包袱，衣架大掇灯。胰盒胭脂瓯，油钵奁妆抿。[15-21]

千桩难遂意，万般那称心。女真赔钱货，男寔讨债人。[22-23]

我了子平愿，他报劬劳恩。俯仰无愧怍，才可质鬼神。[24-30]

【注释】

1. 色：种类。

2. 过门：女子出嫁到男家。

3. 辰：时日。

4. 为：给。

5. 置：购买。

6. 嫁装：亦作“嫁妆”，提女子结婚时带到男方家的钱和物。

7. 赔：陪嫁。

8. 针工：裁缝。

9. 帆绢：或是一种绢。

10. 汗巾：手帕。

11. 绦：用丝线编织成的花边或扁平的带子，可用以装饰衣物。

12. 篦：一种梳头用具，齿比梳子的密。

13. 梳栊：梳子。

14. 穿衣镜：用来修整衣冠、端正仪表的大镜子。

15. 掇灯：或是一种带着座架的灯具。

16. 胰：指胰子，肥皂。

17. 胭脂：由胭脂虫雌虫的干燥身体组成的一种红色染料。

18. 油：这里指化妆时往脸上搽的油脂。

19. 钵：洗涤或盛放东西的陶制的器具。

20. 奁：古代盛梳妆用品的匣子。

21. 抿：指抿子，一种化妆用具，妇女梳头时用它来往头发上抹油脂。

22. 遂意：称心，合乎心愿。

23. 那：同“哪”。

24. 了：完结。

25. 子平愿：子平的心愿。子平，汉代隐士，名向长。他在办完儿女的婚事后，就不再管家事，与朋友游历天下名山，最后不知所终。

26. 报：报答。

27. 劬（qú）劳：劳累，劳苦。

28. 俯仰：低头和抬头，这里指面对天和地。

29. 愧怍（zuò）：惭愧。

30. 质：通“诘”，诘问。

【助读】

此部分主要列举了女方陪嫁的东西。

镜匣

第三节 教子

【原文】

若幼废读书，及长学胡行。务双陆象棋，贪赌博奸淫。[1-6]

损伤己阴骘，败坏人门风。[7-8]

【注释】

1. 废：荒废。
2. 长：年长，年龄较大。
3. 胡行：胡作非为。
4. 务：事业；事务。
5. 双陆：古代的搏戏用具，同时也是一种棋盘游戏。
6. 贪：不知足。
7. 阴骘：阴德，旧时指在人世间所做的而在阴间可记功的好事。
8. 门风：旧时指某一家、某一族或某一流派世代相传的言行准则和风气。

【助读】

此部分劝导人们要读书明理，切不可胡作非为。

孟母教子图（局部）

清·康涛

【原文】

时常交匪类，终日共歹朋。庄业田地荒，贸易定折本。[1-9]

抛撇二双亲，颠连妻子身。[10-13]

【注释】

1. 交：结交，交往。
2. 匪类：行为不正的一类人。
3. 共：一起。
4. 歹朋：有不端行为的朋友。
5. 庄：庄园。
6. 业：家业，产业。
7. 荒：指无人耕种。
8. 定：确凿，必然的。
9. 折本：亏本。
10. 抛撇：抛开，丢弃。
11. 二双亲：父母。
12. 颠连：困顿不堪。
13. 妻子：妻子和儿女。

【助读】

此部分讲述交往恶友的后果。

【原文】

懒惰闲游戏，吃酒逞英雄。好替人添拳，失手打死人。[1]

保长达甘结，地方递报呈。放法身无主，牵口入衙门。[2-10]

挨打又受气，揪擎下牢中。那时后悔迟，想逃也不能。[11-12]

揭借赎死罪，典当讨活命。纵然开放了，产业花费尽。[13-17]

家中难停站，出外去投奔。亲戚妆不认，朋友躲得行。[18]

逼迫男偷盗，无奈女娼淫。玷辱祖与父，遗臭子共孙。[19-24]

【注释】

1. 添拳：指帮别人打架。

2. 保长：一保之长。保，旧时户口的一种编制，若干甲为一保。

3. 达：实现。

4. 甘结：旧时交给官府的一种字据，表示愿意承担某种义务或责

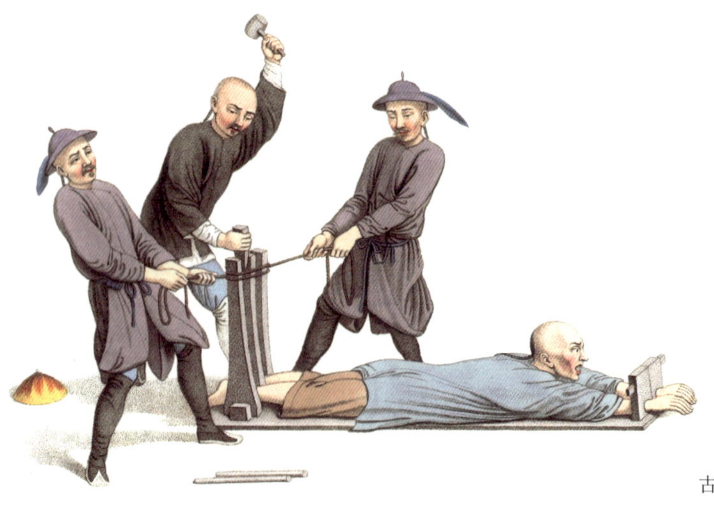

古代刑罚

任，如果不能履行诺言，甘愿接受处罚。

5. 地方：旧时指地保。
6. 递：传送，传达。
7. 报呈：用公文向上级报告。
8. 放：通“妨”，阻碍，妨害。
9. 牵：这里指被押送。
10. 衙门：旧时官吏办公的地方。
11. 揪：用手抓住或扭住。
12. 撧（juē）：断物。
13. 揭借：借贷。
14. 赎：指用财物脱罪或抵免过失。
15. 典当：典和当，指用财产作抵押而借钱。
16. 纵然：纵使，纵令。
17. 开放：释放。
18. 停：停留，暂时居住。
19. 站：停。
20. 娼：妓女。
21. 淫：在男女关系上态度或行为不正当。
22. 玷辱：使蒙受耻辱。
23. 遗臭：流传恶名。
24. 共：和，与。

【助读】

此部分叙述了因打架肇事而被治罪的情况及其所带来的严重后果。

【原文】

都是走赌场，弄下这光景。酒色闯祸苗，牌骰闪人坑。[1-6]

汝等若早戒，免得后失身，故留章句末，奖劝小学生。[7-11]

【注释】

1. 走：往，奔向某地。

2. 弄：做，搞。

3. 光景：景况，经济情况。

4. 苗：事物的开端。

5. 牌骰（tóu）：指骨牌和骰子，都是赌具。

6. 闪：欺骗。

7. 汝等：你们。

8. 戒：革除不良嗜好。

9. 失身：失去操守。

10. 章句：文章、诗词。

11. 奖劝：褒奖及鼓励。

【助读】

此部分主要劝人戒掉赌博及酒色等不良嗜好。

骰子

〖总结〗

本章着重叙述了地方婚姻习俗。婚姻不是一对男女的私事，而是关乎整个家族现实与未来的大事。

山西婚俗大致遵循周代已确定的六种礼仪：纳采、问名、纳吉、纳征、请期、亲迎。文中所述丰盛的喜宴、忙碌的厨师、吹拉弹唱的戏班、祝贺的亲朋，这样的情形至今在大多数乡村没有改变。婚姻，是两个家族的结盟；婚礼，全村人都参与，极具仪式感。

本章末谈到，如果不重视子女的教育，任其胡作非为，不走正道，沉迷玩乐，吃喝嫖赌，结交歹朋，打架斗殴，一朝入狱，百般苦楚，即使出狱，也只会受到亲朋的冷遇，不得已而流落他乡。这是作者在对人们进行警示教育。

山西大学副教授白平在研究忻州《五言杂字》

第九章　重申宗旨

【原文】

言词虽浅近，大益牧川民。暗寓褒贬意，明数器物名。[1-5]

不但教弟子，兼刺西席人。[6-8]

【注释】

1. 益：好处。
2. 牧：放养牲口。
3. 川：平原。
4. 寓：寄托。
5. 数：列举。
6. 弟子：门徒，徒弟。
7. 刺：讽刺，指责。
8. 西席：旧时家塾教师或幕友的代称。

【助读】

此部分概述了《五言杂字》的语言特色、针对对象及编写的特点、内容及目的。

【原文】

口外风俗低，不大论品行。戏子诈训蒙，僧道强作宾。[1-8]

或充假秀才，有冒扮前程。四书全未读，五经何尝诵。[9-16]

音韵弗能辨，字句那晓分？[17-21]

【注释】

1. 口外：长城以北地区。
2. 低：等级在下的，这里指格调不高。
3. 戏子：旧时对职业戏曲演员的称呼（含轻视意）。
4. 诈：假装。
5. 训蒙：教导初入学的人或孩童。
6. 僧道：指和尚与道士。
7. 强：勉强。
8. 宾：这里指西宾。
9. 或：有的人。
10. 充：假装。
11. 冒：用假的充分真的。
12. 前程：旧时指读书人或官员的功名、官职等。
13. 四书：指《论语》《孟子》《中庸》《大学》四种儒家经典。
14. 五经：指儒家的《周易》《尚书》《诗经》《仪礼》《春秋》五部经典。
15. 何尝：用在肯定形式前表示否定，有“哪里”“并不是”的意思。
16. 诵：用高低抑扬的腔调念。
17. 音韵：汉字发声的声、韵、调。

18. 弗：不。

19. 辨：分别。

20. 晓：懂得。

21. 分：区划开。古书没有标点，文字连写，要求读者自己分辨。

【助读】

此部分叙述了内蒙古地区文化教育情况较差，私塾教师没有真才实学的情况。

民国时期的一所内蒙古学校

【原文】

偏有媚世态，善做惑世论。以非巧辩是，本虚会妆盈。[1-8]

开口讦人短，抬手显己能。并无忌惮意，殊没畏避心。[9-13]

任性胡圈点，信口妄讲论。酒食沽愚主，仪文哄呆东。[14-22]

暂时可掩饰，久后必泄真。宾师由轻贱，端肇这些人。[23-28]

败坏圣贤规，玷辱学校朋。孔孟如复起，罪辜胜作俑。[29-34]

借笔诛异端，凑字引儿童。莫逃君子诮，难免小人争。[35-42]

【注释】

1. 媚世：求悦于当世。

2. 惑世：迷惑世人。

3. 论：议论。

4. 以：用。

5. 巧辩：诡辩。

6. 虚：空。

7. 妆：假装。

8. 盈：充满。

9. 讦（jié）：揭发别人的隐私或攻击别人的短处。

10. 短：缺点。

11. 显：表现。

12. 殊：很，特别。

13. 畏避：因害怕而退避。

14. 任性：听凭秉性行事。

15. 圈点：用加圈加点表示文章的句读。

16. 妄：荒诞，不合理。
17. 讲论：讲谈议论。
18. 沽：钓取，谋取。
19. 主：主人，东道主。
20. 仪文：礼仪形式。
21. 呆东：愚蠢。
22. 东：主人。
23. 掩饰：设法遮盖、掩盖（真实情况）。
24. 泄：泄露。
25. 宾师：古时指不居官职而受到君主尊重的人。
26. 由：自此。
27. 轻贱：下贱卑微。
28. 端肇：开端，起始。
29. 规：法则。
30. 玷辱：使蒙受耻辱。
31. 复起：比喻失败后重新上台。
32. 罪辜：罪咎。
33. 胜：超过。
34. 作俑：古代制造陪葬用的陶偶或木偶。后指创始，首开先例。多用于贬义。
35. 诛：责求。
36. 异端：古代儒家称其他学说、学派为异端。这里指那些滥竽充数的教书先生。
37. 凑：聚合。

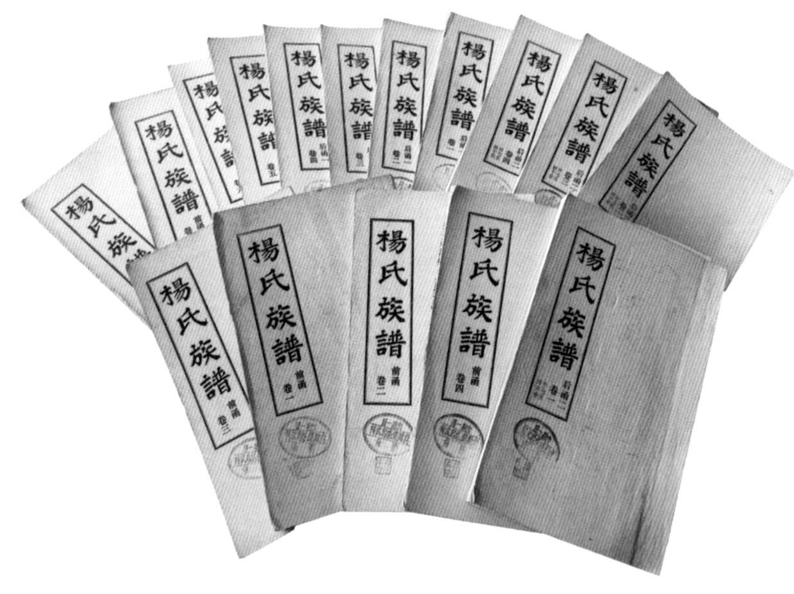

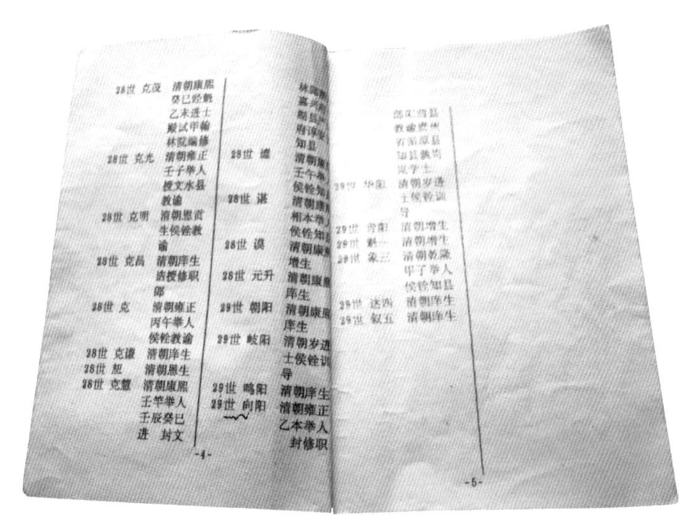

28世 克泼 清朝康熙癸巳经魁乙未进士殿试甲翰林院编修
28世 克允 清朝雍正壬子举人授文水县教谕
28世 克明 清朝恩贡生候铨教谕
28世 克昌 清朝庠生诰授修职郎
28世 克 清朝雍正丙午举人候铨教谕
28世 克谦 清朝庠生
28世 恕 清朝恩生
28世 克整 清朝康熙壬竿举人壬辰癸巳进 封文
28世 谌
28世 湛
28世 谟
28世 元升
29世 朝阳 清朝康熙庠生
29世 岐阳 清朝岁进士候铨训导
29世 鸣阳 清朝庠生
29世 向阳 清朝雍正乙本举人封修职

-4-

-5-

《杨氏族谱》书影

38. 引：引导。

39. 莫：不。

40. 逃：为躲避不利于自己的环境或事物而离开。

41. 诮（qiào）：责备。

42. 争：辩论，争论。

【助读】

此部分描述了滥竽充数的私塾先生们的表现，进而揭示了其危害性。

世别	前世名讳	排行	名 讳	配偶	下世子孙名讳及排行	附 注
十世	贵	长	文灼	樊氏		
		次	文银			
	英	子	克恭		子良珍	
	杰	长	树德		子良弼	
		次	至德		子良卿	
	哲	长	克让		子良谋	
		次	克勤			十世42位
十一世	金城	长	化元		子秉琼	十一世46位
		次	化邦			
		三	化南			
	金山	长	化达	郭氏	二子秉节/秉信	
		次	化岐			
		三	化纯			
	善运	子	化鳞		子致中	
	献议	子	化行		子诚中	
	献廷	长	化蟓		子受中	
		次	化镐		子体中	
		三	化丰			
	献运	长	化融		二子秉中/全中	
		次	化敷		子 允中	
	献功	长	化明	牛氏	二子秉端/秉礼	
		次	化泰		三子秉瑜/秉珍/秉珠	
		三	化周		二子秉鼎/秉琛	
		四	化银		子秉巽	
	献忠	长	化皎		子阳玉	
		次	化遥		子寅亮	
	献德	长	化鹏		子谦元	
		次	化飞隆			

左　王氏后人之故居

右上　《王氏族谱》书影

右下　《王氏族谱》中所载王喆之世系

【原文】

问余何方士，知我某姓名。祖居古秀容，客馆北园邨。[1-4]

庠生瑞林子，举人向阳孙。大儒休见笑，幼学宜熟温。[5-9]

俗词谚语尽，五言杂字终。

【注释】

1. 余：文言代词，我。
2. 某：自称。
3. 秀容：忻州古称。
4. 客馆：古时招待宾客的馆舍。
5. 庠（xiáng）生：科举时代称府、州、县学的生员为庠生。
6. 举人：明清两代，参加乡试而中榜的生员。
7. 见笑：被别人嘲笑。多用作谦辞。
8. 幼学：初入学的学童。
9. 温：复习。

【助读】

此部分主要介绍作者自己的籍贯、家庭等情况。

【原文】

此书功既竣，再表传书人。古时号晋昌，今改为定襄。[1-7]

世居西河头，王哲显某名。今游沙漠地，偶尔遇先生。[8-12]

爰取案上纸，抄写已完成。寄与西宾客，留赠训童蒙。[13-18]

不才惭弱质，无学更无能。后眷此书者，毋忘先抄功。[19-23]

乾隆乙卯岁，是书始传行。[24-27]

【注释】

1. 功：事情，工作。

2. 既：已经。

3. 竣：事情完毕。

4. 表：记载。

5. 传：推广，散布。

6. 号：名称，称谓。

7. 晋昌：定襄在西晋时属晋昌郡。

8. 哲：哲同“喆”。

9. 某：自称。

10. 沙漠地：这里指内蒙古一带。

11. 偶尔：偶然发生的。

12. 先生：指《五言杂字》的作者杨如梧。

13. 爰（yuán）：于是。

14. 案：长形的桌子。

15. 西宾：旧时家塾教师或幕友的代称。

16. 留赠：留下来赠送给某人。

17. 训：教导。

18. 童蒙：指无知的儿童。

19. 不才：没有才干的人。多用作谦辞。

20. 惭：羞愧。

21. 弱质：薄弱的才能。

22. 眷：抄写。

23. 毋：不要。

24. 乾隆：清高宗爱新觉罗·弘历的年号。

25. 乙卯：指乾隆六十年，即 1795 年。

26. 是：此，这。

27. 传行：流传通行。

【助读】

此部分叙述王喆如何得见《五言杂字》，如何誊抄、传布。

〖总结〗

本书除了具备一般杂字类书籍语言通俗、实用性强的特点外，还有一个鲜明的特点，就是把道德教化深藏在字里行间，亦即“暗寓褒贬意”。比如说到奇珍异兽：“凤凰呈瑞鸟，麒麟仁义虫”“鸳鸯配佳偶，鸿雁守节贞”，把凤凰的祥瑞、麒麟的仁义、鸿雁的守贞也写进去了。这样，受众在识字的过程中也得到了品性的教化与熏陶。这样的例子随处可见，这是作者编纂《五言杂字》的高妙之处。

杂字类书籍很少有作者署名，因而其作大多归于无名氏，当然这有可能是在传播的过程中丢失了作者信息。但更主要的原因是，这些作者大都认为这类书籍难登大雅之堂，署上自己名字是自掉身价。而忻州《五言杂字》的作者却在书中介绍了自己的籍贯、身世，从中可看出他有着非同一般的文化意识。他不觉得为村民编写识字课本会降低身价，记载下自己的籍贯与身世，正是他自信的一种表现。他一定是认为自己编写的《五言杂字》不比自己写的诗词歌赋差，而且很有价值，能够流传久远。

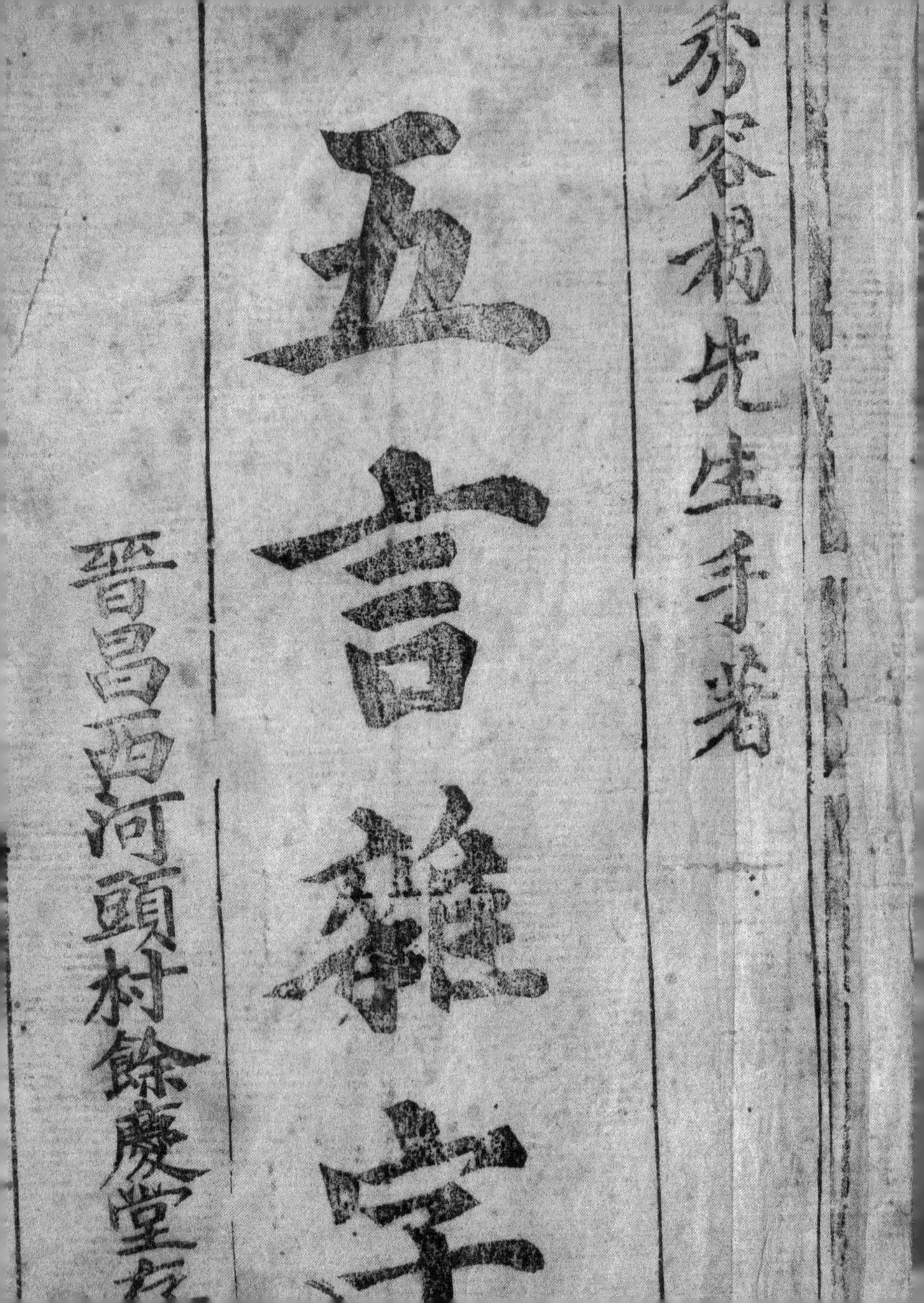

秀容楊先生手著

五言雜字

晉昌西河頭村餘慶堂板

新镌五言杂字原本

扫一扫，听
原汁原味的
方言朗诵

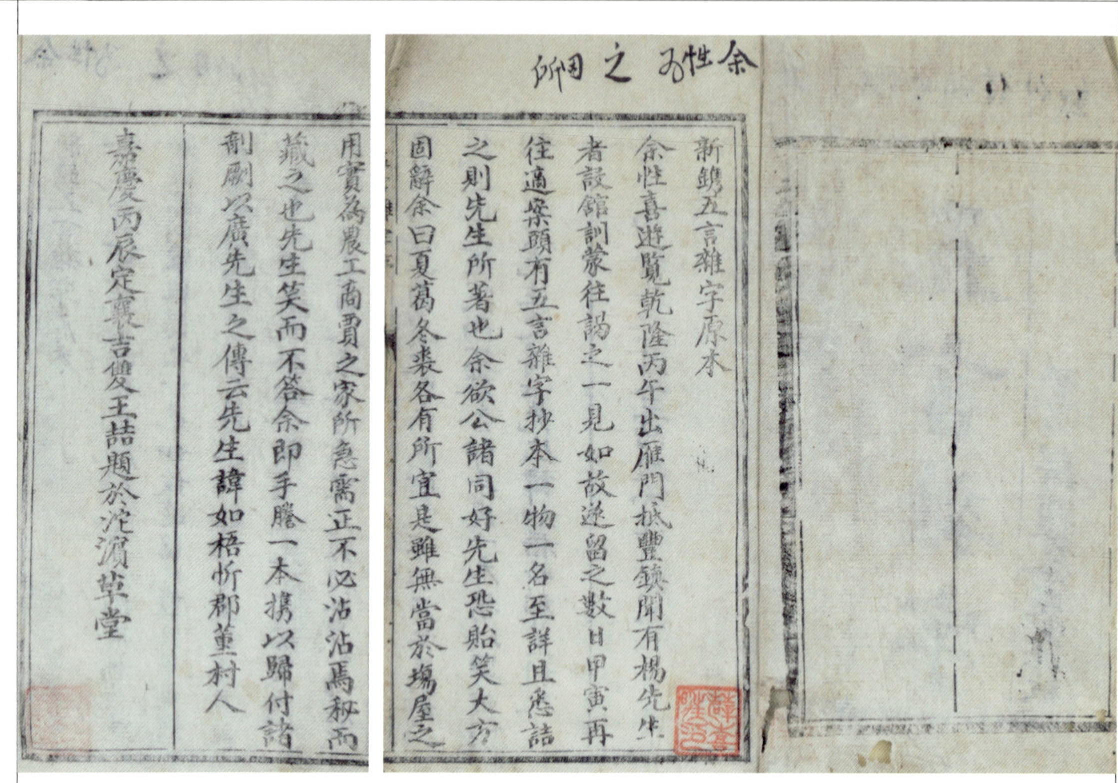

新鐫五言雜字原本

余性喜遊覽乾隆丙午出雁門抵豐鎮聞有楊先生者設館訓蒙往謁之一見如故遂留之數日甲寅再往適案頭有五言雜字抄本一物一名至詳且悉詰之則先生所著也余欲公諸同好先生恐貽笑大方固辭余曰夏葛冬裘各有所宜是雖無當於場屋之用實爲農工商賈之家所急需正不以沾沾焉秘而藏之也先生笑而不答余即手謄一本携以歸付諸剞劂以廣先生之傳云先生諱如梧忻郡董村人

嘉慶丙辰定襄吉叟王喆題於沱濱草堂

余性喜游览。乾隆丙午，出雁门，抵丰镇，闻有杨先生者设馆训蒙，往谒之。一见如故，遂留之数日。

甲寅再往，适案头有《五言杂字》抄本，一物一名，至详且悉。诘之，则先生所著也。余欲公诸同好，先生恐贻笑大方，固辞。余曰：“夏葛冬裘，各有所宜。是虽无当于场屋之用，实为农工商贾之家所急需，正不必沾沾焉秘而藏之也。”先生笑而不答。余即手誊一本，携以归，付诸剞劂，以广先生之传云。先生讳如梧，忻郡董村人。

嘉庆丙辰定襄吉双王喆题于沱滨草堂

楊如梧

歲周在甲辰　時值清和臨　遠遊沙漠地　思念華夏中
少小讀古書　老大未成名　異方來餬口　他鄉課幼童
當序愧未列　舌耕信優行　無如勢多阻　誰想運解通
昔聞全遣時　素習都背今　不招耕夫譏　便惹牧豎諷
進退狼狽狀　去留猶豫形　在昔卜子夏　長於文學人

設教西河境　移化晉陽郡　謹謹本至道　循循誘斯民
傳授號蔚爾　訓導稱春風　先輩懋肄業　後學賴訓蒙
千載不易法　萬古必由根　因甚延至今　怎麼纔嫌憎
歷久知土俗　永遠疆人情　關南在科場　塞北缺考棚
重財輕禮義　背書務莊農　弟兄耕中利　莫曉書內金
每存欲述念　常懷畏難心　既無遠大志　又少恆久功

富饒六七載　貧則兩三冬　只管眼前事　此小不央人
古籍雖多備　俱嫌不捷徑　反覆竊自討　造作淺見門
弗須大功夫　應用甚無窮　抄錄諸書字　編述五言經
刪缺篇章格　並少助語文　非徒露才花　庶為啟童蒙
稽太荒宇宙　考混沌乾坤　敘上古由來　表歷聖德功
洪水橫流際　獸畜共生民　誰知服布帛　孰曉食炊蒸

岁周在甲辰，时值清和临。远游沙漠地，思念华夏中。
少小读古书，老大未成名。异方来糊口，他乡课幼童。
黉序愧未列，舌耕信优行。无如势多阻，谁想运鲜通。
昔闻全违时，素习都背今。不招耕夫讥，便惹牧竖讽。
进退狼狈状，去留犹豫形。在昔卜子夏，长于文学人。

设教西河境，移化晋阳郡。谨谨本至道，循循诱斯民。
传授号时雨，训导称春风。先辈凭肄业，后学赖训蒙。
千载不易法，万古必由根。因甚延至今？怎么才嫌憎？
历久知土俗，永远醒人情。关南立科场，塞北缺考棚。
重财轻礼义，背书务庄农。第见耕中利，莫晓书内金。
每存欲速念，常怀畏难心。既无远大志，又少恒久功。

富读六七载，贫则两三冬。只管眼前事，些小不央人。
古籍虽多备，俱嫌不捷径。反复窃自计，造作浅见门。
弗须大功夫，应用甚无穷。抄录诸书字，编述五言经。
惭缺篇章格，羞少助语文。非徒露才华，原为启童蒙。
稽太荒宇宙，考混沌乾坤。叙上古由来，表历圣德功。
洪水横流际，兽畜共生民。谁知服布帛？孰晓食炊蒸？

字里家国

夫婦闔匹配 男女亂交遊 毛血曾飲茹 巢窟且容身
盡是龍蛇穴 昔成草木林 倘非歷代治 都與魚鱉同
花有重開日 世無久不淸 盤古天地闢 女媧三才分
神農稼穡祖 伏羲八卦宗 干支晝夜別 構居烹飪與
結繩野處息 書契嫁娶定 三墳五典作 八索九丘成
嘗草藥醫留 治而交易通 伯益焚山澤 禹甸水土平

漸漸頗成世 略略少像人 列國聖人出 東魯仲尼生
始誨君臣義 再訓父子親 嚴別長幼序 肅正尊卑分
折衷千古典 廣識異物名 刪贊詩書易 修作春秋成
亂臣賊子懼 集國諫位停 本欲救生民 道大世莫容
因設黌庠序 故立鄉學宮 東壁圖書府 西園翰墨林
四方任肆業 兩間聚習文 誦詩聞國政 講易見天心

口授指麾切 耳提面命真 綱常名教著 高低貴賤明
麾英普天降 諸賢遍地興 得道七十二 聞教三千盤
至德參天地 神功冠古今 渾正流先遠 恩重揚名深
刑儀百王範 師表萬世欽 累封尊盛祭 歷代贈褒封
遺留規矩正 傳授恩義深 別行忌勝師 他術怕過宗
惟有聖道高 只是文教公 讀書以傳賢 鴻儒居上珍

夫妇胡匹配，男女乱交逢。毛血曾饮茹，巢窟且容身。

尽是龙蛇穴，皆成草木林。倘非历代治，都与鱼鼈同。

花有重开日，世无久不清。盘古天地辟，女娲三才分。

神农稼穑祖，伏羲八卦宗。干支昼夜别，构居烹饪兴。

结绳野处息，书契嫁娶定。三坟五典作，八索九丘成。

尝草药医留，治市交易通。伯益焚山泽，禹甸水土平。

渐渐颇成世，略略少像人。列国圣人出，东鲁仲尼生。

始诲君臣义，再训父子亲。严别长幼序，肃正尊卑分。

折衷千古典，广识异物名。删赞诗书易，修作春秋成。

乱臣贼子惧，篡国谋位停。本欲救生民，道大世莫容。

因设党庠序，故立乡学宫。东壁图书府，西园翰墨林。

四方往肄业，两间来习文。诵诗闻国政，讲易见天心。

口授指麾切，耳提面命真。纲常名教著，高低贵贱明。

群英普天降，诸贤遍地兴。得道七十二，闻教三千整。

至德参天地，神功冠古今。泽厚流光远，恩重扬名深。

刑仪百王范，师表万世钦。累朝享盛祭，历代赠褒封。

遗留规矩正，传授恩义深。别行忌胜师，他术怕过宗。

惟有圣道高，只是文教公。读书无价宝，鸿儒席上珍。

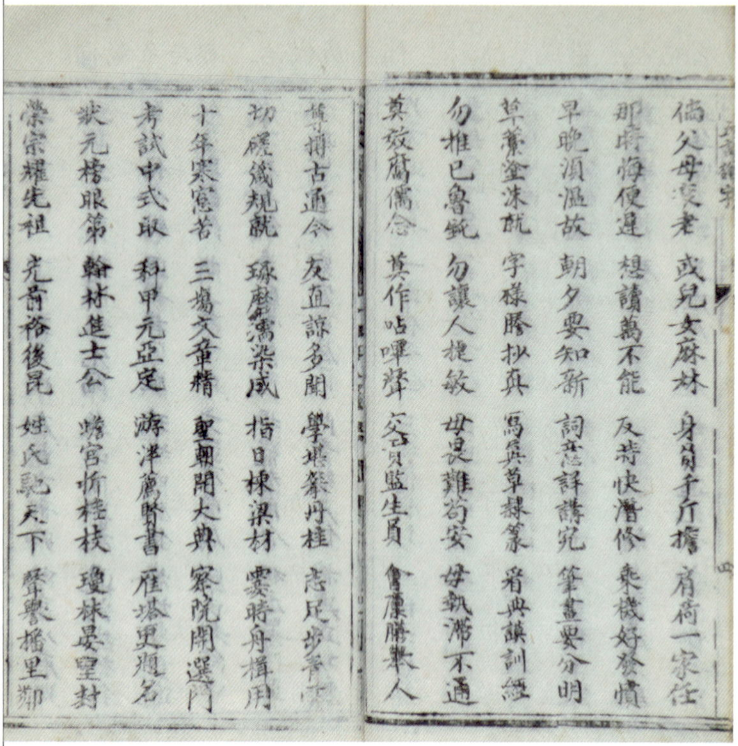

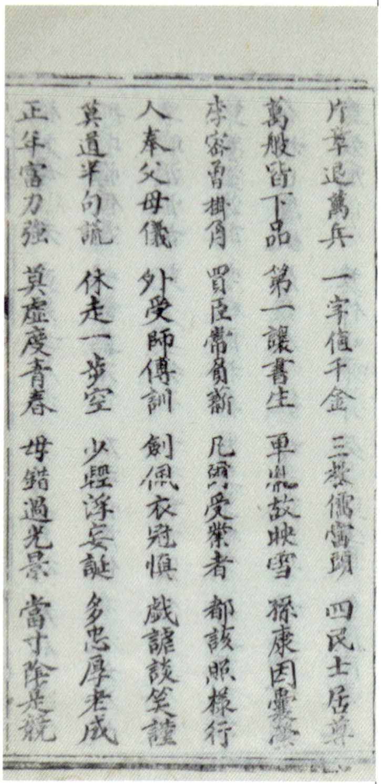

片章退萬兵　一字值千金　三教儒當頭　四民士居尊
萬般皆下品　第一讓書生　車胤故映雪　孫康因聚螢
李密曾掛角　買臣常負薪　凡須受業者　都該照樣行
人奉父母儀　外受師傅訓　劍佩衣冠慎　戲謔該笑謹
莫道半句謊　休走一步空　少㗂浮妄誕　多忠厚老成
正年富力強　莫虛度青春　毋錯過光景　當寸陰是競

倘父母衰老　或兒女麻妹　身負千斤擔　肩荷一家任
那時悔便遲　想讀萬不能　及時快潛修　乘機好發憤
早晚須溫故　朝夕要知新　詞章詳講究　筆畫要分明
草藁塗沫就　字樣謄抄真　寫真草隸篆　看典謨訓經
勿推己魯鈍　勿讓人捷敏　毋畏難苟安　毋執滯不通
莫效腐儒念　莫作呫嗶聲　交各員監生　會康勝舉人

博揖古通今　友亞諒多聞　學堪攀丹桂　志足步青雲
切磋織規就　琢磨濡染成　指日棟梁材　需時舟楫用
十年寒窗苦　三場文章精　聖朝開大典　寮院開選門
考試中式取　科甲元亞定　游泮薦賢書　雁塔史題名
狀元榜眼第　翰林進士公　蟾宮折桂枝　瓊林晏皇封
榮宗耀先祖　光前裕後昆　姓氏馳天下　聲譽播里鄉

片章退万兵，一字值千金。三教儒当头，四民士居尊。
万般皆下品，第一让书生。车胤故映雪，孙康因囊萤。
李密曾挂角，买臣常负薪。凡尔受业者，都该照样行。
入奉父母仪，外受师傅训。剑佩衣冠慎，戏谑谈笑谨。
莫道半句谎，休走一步空。少轻浮妄诞，多忠厚老成。
正年富力强，莫虚度青春。毋错过光景，当寸阴是竞。

倘父母衰老，或儿女麻林。身负千斤担，肩荷一家任。
那时悔便迟，想读万不能。及时快潜修，乘机好发愤。
早晚须温故，朝夕要知新。词意详讲究，笔画要分明。
草稿涂沫就，字样誊抄真。写真草隶篆，看典谟训经。
勿推己鲁钝，勿让人捷敏。毋畏难苟安，毋执滞不通。
莫效腐儒念，莫作呫哔声。交贡监生员，会廪膳举人。

尊博古通今，友直谅多闻。学堪攀丹桂，志足步青云。
切磋箴规就，琢磨濡染成。指日栋梁材，霎时舟楫用。
十年寒窗苦，三场文章精。圣朝开大典，察院开选门。
考试中式取，科甲元亚定。游泮荐贤书，雁塔更题名。
状元榜眼第，翰林进士公。蟾宫折桂枝，琼林宴皇封。
荣宗耀先祖，光前裕后昆。姓氏驰天下，声誉播里邻。

上係君王用 下管萬户民 在朝六部卿 離京八府巡
輪與車未駕 轉解報先臨 逢山開路走 過河搭橋行
到州倫公館 通縣接官廳 族嗷鳴鑼侍 烽燧擊鼓迎
領了斬殺劍 掛上總督印 文武齊管屬 軍民都統中
掌予奪樂錯 秉勸賞黜陟 擇罷替用舍 推廢署降陞
鑑贓官滑吏 察冤枉屈民 除素餐尸位 授建立功勳
詩貪賍賣法 查受賄容情 究昧債抗賬 斷奪利爭名
路逸遊捌案 圖財致命冤 田産界畔票 忤逆生忿是
沿道閒詞訟 到處判冤眼 越訴笞五十 誣告加三等
誤偽憑例斷 誹詐依律定 活罪減等赦 死因該償命
武道尋例鑑 差擺付穢鶶 捕捉反鬼賊 找擒叛亡民
刑徒寃曲直 死棍驗假真 要命飼子弟 吞人虎牢門
手扭兵御隊 枷頸兵狹繩 夾斬從亂杖 殺剮刺充軍
南監添勾盞 北獄槍窗雄 美里商異覺 因固秦別名
炮烙銅鑄柱 蠆盆酒池成 如再不承招 還加別樣行
割鼻穿耳根 刖足剜眼睛 鑽核傷骨肉 笞箠痛連心
人心似鐵虛 官法如爐真 嚇得魂魄散 唬得膽戰兢
貪客有限事 夜斷報頭情 奸淫批拘究 偷盜准緝訊

上系君王用，下管万户民。在朝六部卿，离京八府巡。
轿舆车未驾，转牌报先临。逢山开路走，遇河搭桥行。
到州备公馆，过县接官厅。堠墩鸣锣侍，烽燧击鼓迎。
领了斩杀剑，挂上总督印。文武齐管属，军民都统中。
掌予夺举措，秉劝赏黜陟。操罢替用舍，握委署降升。
鉴赃官滑吏，察冤庶屈民。除素餐尸位，授建立功勋。

访贪赃卖法，查受贿容情。究昧债抗账，断夺利争名。
路逢邀劫案，图财致命冤。田产界畔票，忤逆生忿呈。
沿道问词讼，到处判冤恨。越诉笞五十，诬告加三等。
误伤凭例断，谋杀依律定。活罪减等赦，死囚该偿命。
威逼寻刎缢，羞愧付秽鸩。捕捉反寇贼，找擒叛亡民。
刑杖审曲直，夹棍验假真。要命刽子手，吞人虎牢门。

手扭共脚镣，枷锁共铁绳。绞斩徒流杖，杀剐刺充军。
南监强劫盗，北狱抢窃雄。羑里商异号，囹圄秦别名。
炮烙铜铸柱，虿盆酒池成。如再不承招，还加别样行。
割鼻燎耳根，刖足剜眼睛。箍拶伤骨肉，簳靠痛连心。
人心似铁虚，官法如炉真。吓得魂魄散，唬得胆战兢。
昼审有限事，夜断无头情。奸淫批拘究，偷盗准缉讯。

閑殿德傷諭　賠倚依職問　杖沒千自身　檢舉累勞人
先參看伏衆　後到有新呈　原被兩邊辭　証見一旁吋
追贓寄府庫　罰鈔填倉廩　拉扯跪丹墀　安究出衙門
勝負執法處　輸贏跟理評　賄賂全不受　態乞永不容
升堂雲柳擊　退堂鼉鼓鳴　一任清官做　六年偉滿辰
解祖鄉故里　致政還原郡　渡河踰關津　跨海過山林

枚星戴月走　櫛風沐雨行　水犹船舵舟　旱乘騾馬飛
奇卉花異草　見鳥羅飛禽　孔雀藏蛀丹　鸞鷥青連紅
烏燕空中繞　白鶴樹間聲　石榴橘椎嫩　為桑枝桂谷
丁香大熱氣　臘梅早迎春　芙蓉菊海棠　刺梅荷水蓮
月季合玉簪　碧桃共紫荊　金盞茜草艷　蔔苣木槿森
浮萍玉蘭香　蒴藋金錢藤　棕葉芭蕉扇　菖蒲茉萸簪

雞冠靈芝瑞　海棠山丹青　蝴蝶穿花舞　蜜蜂採蕊心
鵝鴨雉雞吽　鵓鴣鵪鶉鳴　鸚鵡黃鸝啄　鵪鶉鸚鵡做
鳳凰呈瑞鳥　麒麟仁義蟲　蠟嘴鵪白鴿　青莊鶺鴒鴨
鴛鴦配佳偶　鴻雁守節貞　鵬飛九萬里　鶴鳴至天開
獅子化白象　虎豹伴人熊　豺狼麋鹿皮　狐貉獐貂獺
貔貅狻猊猛　猿猴猩猩靈　鵁鶄鸐嘶妙　犎貓狐狸能

斗殴凭伤论，赌博依贼问。投首干自身，检举累旁人。
先来看供状，后到有诉呈。原被两边辨，证见一旁听。
追赃寄府库，罚钞填仓廪。拉扯跪丹墀，妥完出衙门。
胜负执法处，输赢跟理评。贿赂全不受，恳乞永不容。
升堂云梆击，退室钟鼓鸣。一任清官做，六年俸满辰。
解组归故里，致政还原郡。渡河逾关津，跨海过山林。

披星戴月走，栉风沐雨行。水雇船舵舟，旱觅骡马乘。
看奇花异草，见鸟兽飞禽。孔雀戏牡丹，鹭鸶弄莲红。
乌燕空中绕，白鹊树间声。石榴橘榧嫩，芍药玫桂芬。
丁香大熟气，腊梅早迎春。芙蓉菊海棠，刺梅荷水莲。
月季合玉簪，碧桃共紫荆。金盏茜草艳。莴苣木槿森。
浮萍玉兰香，莳萝金钱藤。粽叶芭蕉扇，菖蒲茱萸馨。

鸡冠灵芝瑞，海囊山丹菁。蝴蝶穿花舞，蜜蜂采蕊心。
鹅鸭雉鸡叫，斑鸠鹁鸽鸣。喜鹊黄鹂啄，鹌鹑鹦鹉饮。
凤凰呈瑞鸟，麒麟仁义虫。蜡嘴鹕白鸽，青装雕鸹鵰。
鸳鸯配佳偶，鸿雁守节贞。鹏飞九万里，鹤鸣至天闻。
青狮侣白象，虎豹伴人熊。豺狼麋鹿皮，狐狢暖貂裀。
鳌彪狻猊猛，猿猴猩猩灵。鸱鸮鸽衔妙，犁猫抓扑能。

鸞鵲爪距礙　鼠雀吱噴動　刺蝟擒蛇怪　水獺祭魚誠
蜩螳蜈蚣蛉　蟥蛙蝌蚪蛟　蚰蜒螳螂蛆　鳳蝶蛇蚕蝶
黿鼉紅螃蟹　鼇鼈大蛟龍　蚵蟧八蜡蟲　蝗蝻害苗根
虺蜩蟑蜍蠶　螻蟀螟蛉蚓　螻蛄青蛛蛭　螢蠶蛉蝴蝶
翅翎毛羽翼　吸噪落樓鳴　胎卵俯抱哺　牙蹄角雌雄
窩巢嘴冠翼　跳躍飛翔同　皮肉爭骨戕　骨血從人用

捕捉罩網擺　鈎釣弩彈弓　觀景無窮盡　各自各前程
下石崖崙岸　到川堤嶺平　望荒郊牧野　仰望寨城池
受風塵勞碌　遭霧露陰晴　遇雪霜雹雨　過雷電虹霞
觀日月蝕暈　視斗宿參辰　經湖海波濤　觀江淮溧凌
走衢衕街衚　過里巷都邨　遊庵觀寺院　接道姑尼僧
進宮殿廟宇　看聖像光金　睄豆邊陳設　聽鈸盂磬音

見優性獻戲　撞祈禱甘霖　閑焚香點訴　看燃燭照燈
進士室學堂　閑詩韻書齋　住驛館旅店　吃沽酒買膛
入廠衙衕所　覽庫廒倉廩　站閬市坊前　瞭舖面門攤
或京省集鎮　人烟好似雲　名利二字催　富貴兩端引
你我挨擠走　俺咱推擁行　東來歸來趨　西往羅碰執
左看瀏瞅佈　右發勝紬紋　停車盡敬足　侍馬買裝冊

鹰鹞爪距硬，鼠雀哇啧勤。刺猬擒蛇怪，水獭祭鱼诚。
蚰蜒蜈蚣蟒，蟆蛙蝌蚪蚊。蚰蜓螳螂蛆，虱虮蛇蚤蠓。
龟鳖红螃蟹，鼋鼍大蛟龙。蚜蚄八蜡类，蝗螨害苗根。
蚆贝蟾蜍蚕，蟋蟀螟蛉蛚。蝼蛄青蚨蛭，斑蝥蛤蛹蝇。
翅翎毛羽翼，呱噪落栖鸣。胎卵俯抱哺，牙蹄角雌雄。
窝巢嘴冠翼，跳跃飞翔同。皮肉争贵贱，骨血凭人用。

捕捉罩网栊，钩钓弩弹弓。观景无穷尽，各自奔前程。
下石崖崄岸，到川地广平。望荒郊牧野，仰堡寨城池。
受风尘劳攘，遭雾露阴晴。逢雪霜雹雨，遇雷电虹霞。
观日月蚀晕，视斗宿参辰。经湖海波涛，睹江淮冻凌。
走街衢胡同，过里巷都邨。游庵观寺院，接道姑尼僧。
进宫殿庙宇，看圣像光金。睄豆笾陈设，听钵盂磬音。

见领牲献戏，撞祈祷甘霖。闻焚香醮纸，看燃烛点灯。
进士室学堂，闻诗韵书声。住驿馆旅店，吃沽酒买腥。
入厂衙卫所，览库廒仓廪。站闹市坊前，瞭铺面门摊。
步京省集镇，人烟好似云。名利二字催，富贵两端引。
你我挨挤走，俺咱推拥行。东来粜米面，西往籴䅟。
左卖阔梭布，右发胜䌷绫。停车置数匹，伫马买几甬。

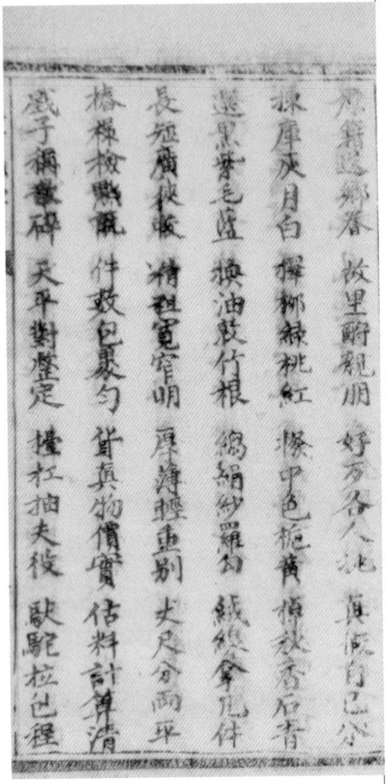

[illegible][illegible]遠鄉眷 故里辭親朋 好歹各人地 真假自己分
棟庫夜月白 擇椰綠桃紅 椽中色梔黃 柳秋香石青
還累帶毛藍 換油殼竹根 綢絹紗羅勾 絨線傘兒件
長短廣狹收 精粗寬窄明 厚薄輕重別 丈尺分兩平
椿樑檢點亂 件數包裹勻 貨真物價實 估料計算清
戥子稱錢碎 天平對墜定 攩杠抬夫役 馱駝拉包程

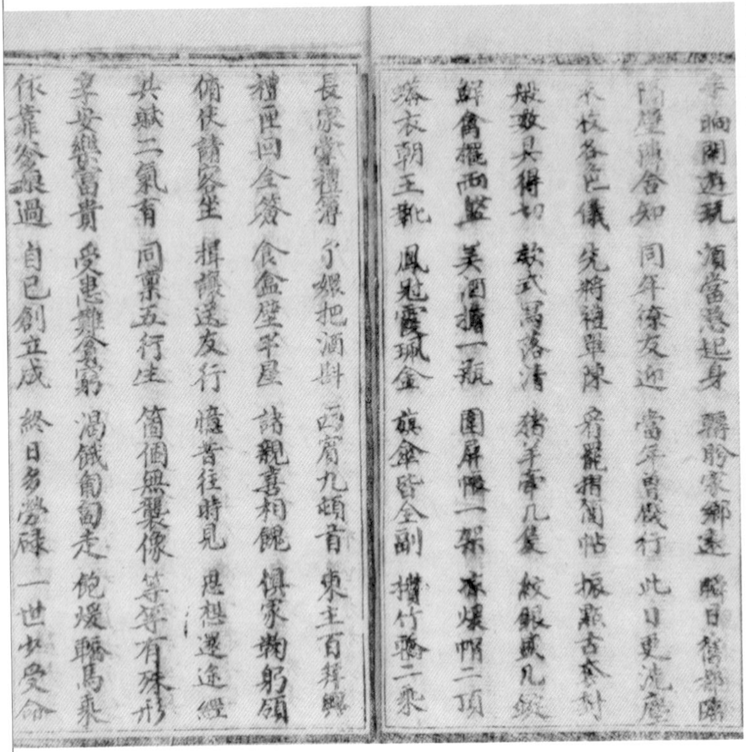

手胸開遊玩 須當急起身 辭盼家鄉遠 [illegible]日[illegible][illegible]隣
隔壁兩舍知 同年儕友迎 當年曾戲行 此日更流磨
禾枚各色儀 先將祖單陳 看罷揭簡帖 振鼎古奉封
服數具得切 款式寫落清 豬羊雞几隻 紋銀貳几錢
鮮禽擺兩盤 美酒擂一瓶 圍屏帳一架 木爆帽二頂
嫁衣朝王靴 鳳冠霞珮金 旗傘皆全副 攢竹轎二乘

長家當禮簿 了娘把酒斟 兩賓九頓首 東主百拜興
禮匣回全簽 食盒壁罕屋 諸親喜相餽 俱家鞠躬頌
俏使請客坐 揖讓送友行 憶昔往時見 思想還途經
共賦二氣有 同稟五行生 箇個無異像 等等有殊形
享安樂富貴 受患難貧窮 渴餓匍匐走 飽煖騎馬乘
依靠爹娘過 自己創立成 終日多勞碌 一世安受命

原籍送乡眷，故里酬亲朋。好歹各人挑，真假自己分。
拣库灰月白，择柳绿桃红。拨中色栀黄，掉秋香石青。
选黑紫毛蓝，换油敦竹根。绉绢纱罗勾，绒线拿几件。
长短广狭较，精粗宽窄明。厚薄轻重别，丈尺分两平。
桩样检点就，件数包裹匀。货真物价实，估料计算清。
戥子称散碎，天平对整定。抬扛抽夫役，驮驼拉包程。

半晌闲游玩，须当急起身。转盼家乡远，瞬目旧都临。
隔壁邻舍知，同年僚友迎。当年曾饯行，此日更洗尘。
未收各色仪，先将礼单陈。看罢折简帖，振点古套封。
般数具得切，款式写落清。猪羊牵几只，纹银盛几锭。
鲜禽摆两盘，美酒担一瓶。围屏帐一架，凉暖帽二顶。
蟒衣朝王靴，凤冠霞珮金。旗伞皆全副，攒竹轿二乘。

长家掌礼簿，丫鬟把酒斟。西宾九顿首，东主百拜兴。
礼匣回全签，食盒璧半星。诸亲喜相馈，俱家鞠躬领。
俯伏请客坐，揖让送友行。忆昔往时见，思想还途经。
共赋二气育，同禀五行生。个个无袭像，等等有殊形。
享安乐富贵，受患难贫穷。渴饿匍匐走，饱暖轿马乘。
依靠爹娘过，自己创立成。终日多劳碌，一世少受命。

字里家国

爲王侯宰相 做駙馬皇親 儒釋僧道衆 醫卜星相琴
客旅經商買 各行手藝工 砍柴割草活 背炭擔煤生
推車擔糞筐 擔簍挑泥桶 粗食不充口 布衣弗遮身
乞丐沿門討 叫化擋碍行 饑寒交迫像 零丁孤苦容
鰥寡徒自惆 煢獨令人矜 娼妓媒娼卒 皂隸勇壯兵
住茅庵草舍 居樓閣廈廳 穿補衲襤褸 喫糟糠菜根

五官不完備 四肢不全成 禿瞎拐瘸跛 瘖啞痴憨聾
醜陋猥瑣歹 偉觀標齊整 胖奢肥瘦寡 矮矬歪凹身
智愚賢不肖 廉直剛義勇 姦佞兵暴深 伶俐乖巧能
刁頑詭詐怪 魯鈍狂頑蠢 痴呆滯偏症 執滯沾懵懂
模糊似鶻突 佯魔傑妖淫 俊秀多智慧 拙笨少聰明
放蕩風流性 暢快灑落胸 慷慨惆悵貌 忐忑腼腆心

藍氈知疲庸 懶惰定饑饉 試看這此人 細參此世情
皆是前緣造 今生天報應 福緣善慶至 禍因惡積臨
軟弱無災害 剛強有官刑 兇暴遭奸殺 柔和享壽終
老實依然在 驕虛不久長 汝等若不信 目前就有証
近報在自身 遠報及子孫 用命還債主 買力填還人
騎駝騾騎坐 變牛馬犧耕 轉豬羊宰割 變雞犬烹飪

为王侯宰相，做驸马皇亲。儒释僧道教，医卜星相琴。
客旅经商贾，各行手艺工。砍柴割草活，背炭扫煤生。
推车握粪筐，担篓挑浆桶。粗食不充口，布衣弗遮身。
乞丐沿门讨，叫化擂砖行。饥寒交迫像，零丁孤苦容。
鳏寡徒自悯，茕独令人矜。娼妓媒娼卒，皂隶勇壮兵。
住茅庵草舍，居楼阁厦厅。穿补衲褴褛，吃糟糠菜根。

五官不完备，四肢未全成。秃瞎拐瘸跛，喑哑痴憨聋。
丑陋惫懒歹，伟魁俵齐整。胖畲肥瘦汉，矮矬歪凹身。
智愚贤不肖，廉直刚义勇。奸佞英豪杰，伶俐乖巧能。
刁谲诡诈怪，鲁钝狂顽蠢。痴呆带偈傺，执滞沾懵懂。
模糊似鹘突，佯魔像妖淫。俊秀多智慧，拙坌少聪明。
豁达风流性，畅快洒落胸。慷慨惆怅貌，忐忑腼腆心。

龌龊知腌臜，懒惰定馋慵。试看这些人，细参此世情。
皆是前缘造，今生天报应。福缘善庆至，祸因恶积临。
软弱无灾害，刚强有官刑。凶暴遭妖殁，柔和享寿终。
老实依然在，骄虚不久长。汝等若不信，目前就有证。
近晓在自身，远谕及子孙。用命还债主，负力填还人。
转驼骡骑坐，变牛马拽耕。转猪羊宰割，变鸡犬烹饪。

分時有天例　皆匿隱不容　損人利己事　滅理昧良心
明明昧欺騙　左扔右誆哄　恃勢霸奪榮　欺力嚇人銀
到底神鑑察　終久要顯形　昔心為家緣　費精把蔡成
但徒眼前好　那曾過後凶　忘下獄昇天　昧過往神靈
猶如結繭蚕　真似浮生夢　日月穿梭走　光陰不饒人
倏忽兩鬢霜　轉眼齒搖動　曩昔垂髫子　而今白頭翁

志氣精神微　手足腿胯沉　肺肝脾胃弱　腰背肩膂困
血脉流轉遲　皮肉肌膚鬆　眼目顧視花　脚腿臁膝痿
步履跛沒艱　睡眠精魄昏　口舌嘴唇焦　咽嗓喉嚨緊
臀尾脊背衰　肘腕骨節殭　髭鬚鬢髮白　顱頂囟門紅
髮髩稀疎減　淚涕鼻涕增　膈肚臍腹縮　額顱顴頰皺
筋脈參差蹇　捉拿挽攜輕　臉面顏色樣　瞽聾瘦弱同

語默應答差　軀體體貌重　寒冷着熱遲　饑渴飲食諳
命若風中燭　人如日西沉　霎時無常到　一旦老病生
初得乾霍亂　後加傷寒症　嘔吐咳嗽喘　哽噎癱瘓風
鼓脹膨脹痛　痔漏疽癲癰　癆瘵癥黃疸　疥癬泄利疼
疴痒瘡膿潰　疝瘕瘰癧疔　良醫急療治　針灸煎消停
生熟藥餌用　丸散膏丹引　當歸大熟地　附子肉蓯蓉

分明有大例，昏迷皆不省。损人利己事，灭理昧良心。
明瞒昧欺骗，左拐右诳哄。凭势霸产业，依力吓人银。
到底神鉴察，终久要显形。苦心为家缘，费精把梦成。
但徒眼前好，那管过后凶。忌下狱升天，昧过往神灵。
犹如结茧蚕，真似浮生梦。日月穿梭走，光阴不饶人。
倏忽两鬓霜，转眼齿摇动。曩昔垂髫子，而今白头翁。

志气精神微，手足腿胯沉。肺肝脾胃弱，腰背肩膀困。
血脉流转迟，皮肉肌肤松。眼目顾视花，肱股臁膝坌。
步履跋涉艰，眶睫睛瞳昏。口舌嘴唇拙，咽嗓喉咙紧。
膀光肾水衰，肘腕骨节僵。髭髯胡须白，头顶囟门红。
鬓髻辫鬏减，泪眵鼻涕增。肠肚脐腹缩，额颅腮颐搔。
筋脚拳掌僵，捉拿提携轻。脸面黎色样，膂脊弯弓同。

语默应答差，躯斯体态重。寒冷暑热避，饥渴饮食谨。
命若风中烛，人如日西沉。霎时无常到，一旦老病生。
初得乾霍乱，后加伤寒症。呕吐咳嗽喘，哽噎瘫痪风。
鼓肿膨胀痛，痔瘘疽癞痈。痍痞瘟黄疸，疥癣泄利疹。
疴痒疮臁窠，疝疬瘰疖疔。良医急疗治，针火莫消停。
生熟药饵用，丸散膏丹引。当归大熟地，附子肉苁蓉。

官桂炙甘草　蒼术麥門冬　黃連南紅花　赤芍白茯苓
麻黃紫蘇子　乳香京三稜　硇砂五靈脂　血竭細燈心
兔絲車前子　鹿茸天南星　山查荊芥穗　木通酸棗仁
蒺藜白枸杞　蓬朮天花粉　檳榔五加皮　乾薑山豆根
川芎明雄黃　人蔘北細辛　陳皮製半夏　朱砂核桃仁
桔梗代赭石　梔子元明粉　好藥都用過　仙丹也不靈

想必大限至　何苦悶操心　閻君出籤票　難得頃刻容
一旦喪黃泉　說話命歸陰　稱亡故死喪　開迎殯柩靈
入殮棺槨櫬　埋葬墳墓壟　泣血稽顙拜　啼哭淚悲傷
斬衰杖期服　緦麻大小功　笑貌音容杳　屍殖骷髏存
春秋椒奠真　四季香爐焚　生前推金玉　死後赤手空
遺留產業地　子孫且爭分　憑神拈鬮扯　同衆立契文

家長許不倒　入衙官斷清　端下千萬債　自己眼目項
世事看到此　令人胆戰兢　從今戒奪剝　過後免爭名
急急行方便　速速積陰功　是皆憐天地　早暮孝雙親
出門和鄉里　在家恭長兄　勿作虧心事　勿貪無義財
休逞強欺弱　休倚富壓貧　莫當公門役　莫做唆挑人
毋恨天怨地　毋罵雨訶風　宜寬忍解釋　須小念涵容

官桂炙甘草，苍术麦门冬。黄连南红花，赤芍白茯苓。
麻黄紫苏子，乳香京三棱。硇砂五灵脂，血竭细灯心。
兔丝车前子，鹿茸天南星。山查荆芥穗，木通酸枣仁。
蒺藜白枸杞，茱萸天花粉。槟榔五加皮，乾姜山豆根。
川芎明雄黄，人参北细辛。陈皮制半夏，朱砂核桃仁。
桔梗代赭石，柏子元明粉。好药都用遍，仙丹也不灵。

想必大限至，何苦罔操心？阎君出签票，难得顷刻容。
一旦丧黄泉，说话命归阴。办亡故死丧，闹逝殁柩灵。
入殓棺椁椋，埋葬填墓茔。泣血稽颡拜，啼哭泪悲伤。
斩衰杖期服，缌麻大小功。笑貌音容杳，尸殖骷髅存。
春秋椒浆奠，四季香纸焚。生前推金玉，死后赤手空。
遗留产业地，子孙且争分。凭神拈阄扯，同众立契文。

家长评不倒，入衙官断清。塌下千万债，自己眠目顶。
世事看到此，令人胆战兢。从今戒夺利，过后免争名。
急急行方便，速速积阴功。晨昏敬天地，早暮孝双亲。
出门和乡里，在家恭长兄。勿做亏心事，勿贪无义银。
休凭强欺弱，休倚富压贫。莫当公门役，莫做唆挑人。
毋恨天怨地，毋骂雨诃风。宜冤仇解释，须小忿涵容。

當重累惜福 叙血孫長貧 勤儉傳家寶 忍耐福壽長
且耕且讀書 半詩半務農 良田置幾頃 樹木栽成林
多多積糞土 好好費耕耘 幸遇豐年稔 倉庫積囤盈
荒灘拉坏壁 窑治安瓦輪 捻猫頭滴水 剄脊獸玲瓏
柴炭御堆垛 火焰焦爛成 門樓鼓兒石 打瓶鍋桂礎
斧欣楊柳木 鉅鋸杏栢松 椒楝楸梧桐 樺榆柿槐桑

条楊桃杏梨 柞橘檀梓椒 黄揚柹樗漆 林櫟杆柳檜
枝梢皮葉剩 楷椰根花用 大小木料全 長短材幹真
本益房廊屋 先請匠估評 隨鑲鉄鑽鉁 拔鉗鏟鈴鋡
鉄鉅鉋鎊鏟 帶曲尺墨繩 截枋杙樑梁 劄插楣窓撬
碰椀頭短柱 劄鍋嘴料拱 一切窗牖全 二宅來府中
定礎黃道用 選吉亦做屋 夏漢築地脚 催工分墻根

豎柱上樑畢 壓椽掛椽封 瓦匠雕刻就 全工昇搬運
灰墊泥搪現 宗刀根此輪 攤泥嵌瓦壠 合漿對磚縫
掉線壘砌勻 調脊封簷牢 簸山安獸獸 填陷抹牆平
前后修葺就 裡外補酡停 一座抱廈院 三楹過道廳
雞子后引路 掛面磚儀門 粉壁巧工墻 水磨剔透成
明樓客位廂 仕室書齋屏 周圍大圖圖 轉遺場圍存

当重粟惜福，该恤孤怜贫。勤俭传家宝，忍耐福寿根。
且耕且读书，半诗半务农。良田置几顷，树木栽成林。
多多积粪土，好好费耕耘。幸遇叠年稔，仓库积丰盈。
荒滩摔坏墼，窑冶安瓦轮。捻猫头滴水，劖脊兽玲珑。
柴炭卸堆垛，火焰焦烂成。门墩鼓儿石，打猻错柱顶。
斧砍杨柳木，锯解古柏松。椴楝楸梧桐，桦榆柿槐椿。

桑柘桃杏梨，柞楢檀樟枞。黄杨梓椅漆，桫椤杆栩枌。
枝梢皮叶剩，榾柮根花用。大小木料全，长短材干真。
未盖房廊屋，先请匠估评。随矿铁钻锉，拽钳锤铃锛。
提钜铇镑铲，带曲尺墨绳。截椽柁檩梁，劄槅槅窗棂。
推飞头短柱，割鹅嘴料拱。一切窃窾全，二宅来府中。
拣择黄道日，选看紫微星。觅汉筑地脚，雇工夯墙根。

竖柱上梁毕，压栈挂拨封。瓦匠雕刻就，坌工舁搬运。
灰穣泥糠现，瓷刀抿匙轮。摊泥嵌瓦垅，舀浆对砖缝。
掉线垒砌匀，调脊封檐牢。签山安稳兽，填陷抹墙平。
前后修葺就，里外补配停。一座抱厦院，三楹过道厅。
鸡子石引路，挂面砖仪门。粉壁圬工墙，水磨剔透成。
明楼客位厢，仕室书斋屏。周围大圐圙，转遭场圃存。

字里家国

菜畦果木園　水閘養魚池　岔耳豬羊圈　宅後牛馬棚
拐角糞坑埃　旁邊尿尿坑　安轆轤桔槔　甕流灌泉井
用動舉家伙　時匠修磨整　打車條輞就　投犁揚耙精
輮條轅輞軫　輞轄[illegible]轄輪　橫杆木轂板　鼻恭牛腦鐶
鍬鑊斧斤頭　鋤刀[illegible]刀鏵　杈杴篩筥柄　木杴掃箒欓
各樣器械全　堤防不歲用　秋后翻堡地　春天免芒耕

低窊嫌冷濺　鹽鹵苗不勻　沙鹻畏天旱　濕潤怕水浸
高阜恐春凍　坡凸懼秋風　反覆輾轉耕　從容斟酌種
計厘薄肥饒　丈頃段畝分　修畛埂垻堰　築旱濬渠楞
估錢糧馬草　算差役戶丁　除官稅私租　量籽粒人工
陸川得三倍　平地得十分　粳糯麥稗好　豌扁麋蘋稔
東岡莜麥長　西岸稻粱成　坡地蕎麥收　水地綠豇生

黍稷穠稠慎　莜麥種穀鐘　耙耬塗耩到　耘鋤耗耩勻
犍牛駕耬種　驢馬帶碌碡　拌乳公一具　騾駒騲一羣
牝牡前邊走　駒犢隨後跟　早起要趁眼　燕耙須慇懃
雨峻占雨露　九穊壓濃蔭　總收夏田畢　轉眼秋成臨
預備鐮刨刀　脩圈扭索繩　鍘草煮料便　工錢茶飯運
砍割碁晒乾　把束鋪排傳　牛馬車輛載　騾驢駝馱行

菜畦果木园，水阁养鱼池。岔耳猪羊圈，宅后牛马棚。

拐角粪圪堎，旁边屎尿坑。安辘轳桔槔，甃浇灌泉井。

用动举家伙，叫匠修齐整。打车条辐就，投犁搧耙精。

辕条韩辋轸，辋辐轴辖轮。横杆木鞅板，鼻桊牛脑环。

锹镢斧头快，锄刀镰刃锋。杈杴帚笤柄，木杴扫帚橿。

各样器械全，堤防来岁用。秋后翻垡地，春天免芒耕。

低窊嫌冷溅，盐卤苗不匀。沙硷畏天旱，沟涧怕水浸。

高阜恐春冻，坡凸惧秋风。反复辗转耰，从容斟酌种。

计厚薄肥饶，丈顷段亩分。修畛堤坝堰，筑旱潦渠楞。

估钱粮马草，算差役户丁。除官税私租，量籽粒人工。

陆川得三倍，平地得十分。粳糯麦稗好，豌扁穈谷稔。

东冈莜麦长，西岸稻粱成。坡地荞麦收，水地绿豇生。

黍稷稀稠慎，菽秫稙穉谨。耙耰垦耩到，耘锄耗耨匀。

犍牛驾耧种，骟马带硌砢。牸乳合二具，草驯联一群。

牝牡前边走，驹犊随后跟。早起要迟眠，穮耘须殷勤。

两岐占雨露，九穗压沟尘。才收夏田毕，转眼秋成临。

预爪镰钐刀，备扁担索绳。铡草煮料便，工钱茶饭运。

砍割暴晒乾，把束铺排停。牛马车辆载，骡驴驼驮行。

大淡背一摞 小厮担両掴 忙忙扛到家 快快開場中
碌碡碾磟通 落柯連稭騰 杈扒木锨打 簸箕㨪車清
布袋番繾裝 倉廒窨窖囤 穰秕積成垛 稭秆堆数層
碓磑杵臼快 磨盤碾臺平 糙糯米糝麵 擊麩糠麩籸
春簸豆重羅 推夜蕎飛塵 簸箕笤箒床 檮桄瓦合盆
竹匾篩籮放 荆筐木槽盛 盂號手搓捏 鍋灶籠籫蒸
乾濕攙拌停 油鹽漿醋勻 火焰緊慢炊 軟硬生熟終
吃飲勻餘剩 飲飼歡競爭 家無生活計 喫盛手豈金
挑選管家内 揀擇奴婢中 老幼留侍候 强壯當軍丁
机巧學手藝 鑑怪住衙門 忠厚務庄農 豁達出外引
能寫會算得 饒當買賣人 合下好影計 管上財主本
稅典貸舖面 立約寫合同 股分有整零 主張别副正
賒欠賬目慎 斛升尺秤公 協力山成玉 同心土變金
跑東西二京 走蘇杭臨清 販奇珍異寶 换銅鈔金銀
蜜蠟金鋼鑽 玻璃土水晶 瑪瑙琿璪盞 珊瑚琥珀珍
象牙犀角兕 琺瑯琉璃新 發顏料紙張 賣果木書文
錫箔膠魚鰾 桐油漆陀僧 烏梅白黑礬 槐花胭脂紅
蘇木西紅土 大綠硝銅青 銀朱飛黄丹 硫黄活水銀

大汉背一垛，小厮担两捆。忙忙抬到家，快快闹场中。
碌碡碾研遍，落柯连秸誊。杈扒木楸打，簸箕槅车清。
布袋褡裢装，仓廒窨窖囤。穰秩积成垛，秸秆堆数层。
碓硙杵臼快，磨盘碾台平。碻糯米硬面，麧麸糠䅟糁。
舂麦豆重罗，推莜荞飞尘。簸箕笤帚床，栲栳瓦合盆。
竹匣筛箱放，荆篓木柜盛。盔号手搓捏，锅灶笼替蒸。

乾湿搅拌停，油盐浆醋匀。火焰紧慢炊，软硬生熟终。
吃喝匀余剩，饮饲歉竞争。家无生活计，吃尽斗量金。
挑选管家内，拣择奴婢中。老幼留侍候，强壮当军丁。
机巧学手艺，诡怪住衙门。忠厚务庄农，豁达出外引。
能写会算得，才当买卖人。合下好伙计，掌上财主本。
租典赁铺面，立约写合同。股分有整零，主张别副正。

赊欠账目慎，斛斗尺秤公。协力山成玉，同心土变金。
跑东西二京，走苏杭临清。贩奇珍异宝，换铜钞金银。
蜜蜡金刚钻，玻璃土水晶。玛瑙砗磲盏，珊瑚琥珀珍。
象牙犀角光，珐琅琉璃新。发颜料纸张，卖果木书文。
锡箔胶鱼鳔，桐油漆陀僧。乌棓白黑矾，槐花胭脂红。
苏木西红土，大绿硝铜青。银朱飞黄丹，硫黄活水银。

紅白銅倭鉛　片靛蘇花粉　松香黃白蠟　藤黃石膠青
湖筆徽州墨　朱沙錫熟銅　高麗毛六紙　刷綠曲雙紅
川連五色表　毛頭蠟尖雲　草帘千古連　黃梅木淨紅
刷黃藍毛本　全東古蘐封　花椒胡椒漿　鮮薑茴香醬
松蘿天池茶　龍團及松茗　陽羨益武夷　青尖與芥茗
金磚蒙山貴　雀舌大葉嫩　毛尖細六安　冰糖赤沙紅

杈圓核桃栗　甘蔗橄欖捕　金錢米杏糕　桑椹白梨糖
山查枇杷酸　蘋果瓜子仁　楊梅鮮荷藕　蜜餞乾橘餅
地梨赤牙棗　荸薺菱角橙　柿餅荔枝甜　蓮肉松鄉香
雜貨擺設全　閬市開舖門　个個有營幹　自己一開身
靜坐看史冊　舉步車馬乘　前訶趁官引　後殿常隨跟
弓箭提鳥鎗　撒帶擊皮靶　左右會弩射　手下武藝精

牽胭脂赤兔　被海騮粉青　跑銀鍋棗騮　刷黃沙五明
喂鎮黃花豹　飲棗色青鬃　拉烏騅紅沙　拴銀蹄玉頂
沙魚皮鞍韂　鍍銀鐲鈌鐙　鍍金教轡嚼　縧攏紅攀胸
毛屜藤條鞭　邁邁褥毛毯　跨上飛走瘋　騗騎顛跳奔
教場演武廳　練操馬步兵　太平修文事　反亂立武功
南征苗蠻界　北鎮歸化城　旌旗遮日月　火炮震乾坤

红白铜倭铅，片靛桃花粉。松香黄白蜡，藤黄石旸青。
湖笔徽州墨，朱沙锡点铜。高丽毛六纸，刷绿曲双红。
川连五色表，毛头蜡尖云。草纸千古连，黄梅木净红。
刷黄蓝毛本，全柬古护封。花椒胡椒辣，鲜姜茴香馨。
松萝天池茶，龙团及松茗。阳羡并武夷，贡尖与芥茗。
金砖蒙山贵，雀舌大叶嫩。毛尖细六安，冰糖赤沙红。

枝圆核桃栗，甘蔗橄槟榔。金银果花粘，桑葚白果榛。
山查枇杷酸，苹果瓜子仁。杨梅鲜葡萄，蜜饯乾橘饼。
地梨赤牙枣，荸荠菱角橙。柿饼荔枝甜，莲肉松瓤香。
杂货摆设全，闹市开铺门。个个有营干，自己一闲身。
静坐看史册，举步车马乘。前诃鞑官引，后殿常随跟。
弓箭提鸟枪，撒带系皮鞓。左右会弩射，手下武艺精。

牵胭脂赤兔，被海骝粉青。跑银羯枣骝，刷黄沙五明。
喂镳黄花豹，饮栗色青鬃。拉乌锥红沙，拴银蹄玉顶。
沙鱼皮鞍韂，鋑银镔铁镫。鋑金鞦辔啮，丝韁红□胸。
毛屉藤条鞭，氆氇褥毛绒。跨上飞走撺，骗骑颠跳奔。
教场演武厅，练操马步兵。太平修文事，反乱立武功。
南征苗蛮界，北镇归化城。旌旗遮日月，火炮震乾坤。

殺得賊逃敗 得功早回京 凱歌前頭走 勝鼓後頭鳴
皇上龍心喜 天子尊賞放 如官增福禄 子襲父職品
告假探原籍 奉旨重祭宗 舍旁綠柳茂 宅前池水清
太湖石照舊 牌匾金字新 小橋中間搭 欄杆兩下存
正房嫡妻妾 偏房如夫人 妓女來彈唱 丫鬟捧茶罇
珍饈百味食 玉液瓊漿飲 琴棋觀書畫 兒女耍孩童

光陰快如箭 歲月倏忽增 女大學針指 男長讀書文
匹配婚姻際 招門納婿辰 訪門當戶對 察二姓相同
良緣由天定 佳偶自人成 請媒婆妁婦 央月老氷翁
說張家允諾 傳李氏訂盟 占佳期納彩 卜吉日定親
宰猪羊數口 做美酒裝瓶 買海味鮮菜 置椒料蒔芹
泡銀魚海帶 煮燕窩海參 洗蒸魚蘑菇 鍋紫菜海粉

燒猪首蹄頭 煎肚腸肺心 燉葷素菜蔬 撥芫荽韭蔥
芥根首蓿芽 蕨薇嫩竹笋 葫蘆蘿蔔瓠 白茄蒔蘋紅
蔓菁腌葛蓬 茄蓮脆藕根 菠菜生萵苣 瓜條乾片粉
炒雞卵鴨蛋 煿豆腐麪觔 和肥頭白麪 捏餶食點心
蒸稍賣餑餑 烙餺飥餡餅 扯饊煠雪糕 元宵糯米粽
火燒盜麪角 稻米要熬粥 拉銀系麪條 潑茶爲藕粉

杀得贼寇败，得功早回京。凯歌前边走，胜鼓后头鸣。
皇上龙心喜，天子尊意欣。加官增福禄，子袭父职品。
告假探原籍，奉旨重祭宗。舍旁绿柳茂，宅前池水清。
太湖石照旧，牌匾金字新。小桥中间搭，栏杆两下存。
正房嫡妻妾，偏房如夫人。妓女来弹唱，丫鬟捧茶樽。
珍馐百味食，玉液琼浆饮。琴棋观书画，儿女耍孩童。

光阴快如箭，岁月倏忽增。女大学针指，男长读书文。
匹配婚姻际，招门纳婿辰。访门当户对，察二姓相同。
良缘由天定，佳偶自人成。请媒婆奶妇，央月老冰翁。
说张家允诺，传李氏订盟。占佳期纳彩，卜吉日定亲。
宰猪羊数口，做美酒几瓶。买海味乾菜，置椒料时芹。
泡银鱼海带，煮燕窝海参。洗鲞鱼蘑菇，馓紫菜海粉。

烧猪首羊头，煎肚肠肺心。煞荤素菜蔬，拨芫荽韭葱。
芥根苜蓿芽，蕨薇嫩竹笋。葫芦萝卜瓠，白苔蒜蒴红。
蔓菁腌著莛，茄薤脆藕根。菠菜生莴苣，瓜条乾片粉。
炒鸡卵鸭蛋，煿豆腐面筋。和肥头白面，捏扁食点心。
蒸稍卖馄饨，烙馎饦馅饼。扯馓炸雪糕，元宵糯米粽。
火烧荡面角，稻米要熏蒸。拉银系面条，泼茶汤藕粉。

米粥餄餎熬 饅頭鍋盛生 蒸爐食方便 湯水飯未熬
尉工將斧到 茶房也進門 切刀案板便 磁盆瓦罐同
爐錐皮鐺鏊 木甑箅床籠 笊籬舀杓瓢 柤杖擔水桶
柴炭烤爇燒 批撕剉剁烹 白煮割大塊 醬爊剉碎紛
醋餡爆醃就 小炒大燃成 肉丸條腸焦 生雞鮮魚燉
飴斷且那後 攢盒早辦振 凈掃堂前地 擺列帳幃屏

設靠床杌子 放桌椅板凳 偕錫壺銀盞 楷金盃玉瓶
展摘被紬緞 鋪氈毯綾絨 排匙盤筋碟 拾碗甌鉢樽
筵席都妥當 請工優人臨 拿皖鈸鑼鼓 戴紗帽幞頭
前鋪鼓旗號 把鎗刀棒棍 倉卒新親至 敲手吹打迎
箏笛配簫管 琵琶合胡琴 雲鑼敲字樣 笙管品曲令
富家分首次 兩姑敘寒溫 丈人岳母候 姪郎女婿等

從堂伯叔伴 姑舅兩姨拱 父母爹娘待 姊妹兄弟等
外祖老姥敬 妻姈表嬸恭 姻娌姑嫂接 內姐媳婦引
親戚俱就位 鄰友皆坐定 先吃茶三盞 再把酒杯斟
大盤攢盒上 蓋碗冰盤輪 七般八樣攢 九等十道擀
非當鶴素味 替盞換大甌 杯落由人緣 酒令同時行
好戲無几齣 賞賜甚無窮 主客相酬酢 你我共週巡

米粥饸饹熟，馒头锅盔生。蒸炉食方便，汤水饭未终。
厨工将来到，茶房也进门。切刀案板便，磁盔瓦罐同。
炉锥皮鞴匣，木甑箅床笼。笊篱舀杓瓢，柤杖担水桶。
柴炭煖爇烧，批撕剉剁烹。白煮割大块，醬煿剉碎纷。
醋馏爆腌就，小炒大爊成。肉丸饷肠焦，生鸡鲜鱼爊。
饸餅且那后，攒盒早办振。净扫堂前地，摆列帐帏屏。

设靠床杌子，放桌椅板橙。借锡壶银盏，揩金杯玉瓶。
展褥被紬缎，铺毡毯绫绒。排匙盘箸碟，拾碗瓯钵樽。
筵席都妥当，乐工优人临。拿铙钹锣鼓，戴纱帽幞头。
背银铠旗号，抱枪刀棒棍。仓卒新亲至，鼓手吹打起。
筝笛配秦箫，琵琶合胡琴。云罗敲字样，笙管品曲令。
宾东分首次，两姓叙寒温。丈人岳母候，侄郎女婿等。

从堂伯叔伴，姑舅两姨拱。父母爹娘待，姊妹兄弟擎。
外祖老姥敬，妻妗表婶恭。妯娌姑嫂接，内姐媳甥引。
亲戚俱就位，邻友皆坐定。先吃茶三盏，再把酒杯斟。
果碟攒盒上，盔碗冰盘轮。七般八样掇，九等十道捧。
推荤转素味，替壶换大钟。杯茗由人报，酒令因时行。
好戏点几出，赏赐甚无穷。主客相酬酢，你我共周巡。

苹果狀元紅　老酒竪林檎　男親面焉珠　女眷頭沾紅
吊猪酒席攢　方擡聘禮大　上扃花素緞　下具篇酒綾
璧衣夜金邊　衲襖石榴紅　繡花青通神　藍縱硫黃裙
梅桂紗外套　閃色綢褶襟　金鑲玉滿冠　累絲簪嵌珍
戒指銀脚環　細銀煮鍍金　丁香大耳墜　項圈踢脚鈴
手鐲偏鳳釵　荷包烟袋新　各色查妝果　約定過門辰

爲男并嫁妝　因女也賠襯　首飾叫銀匠　裁衣請針工
帳鉤花汗巾　綵幕布手巾　脒漆立壁櫃　抽屜南梧桐
條桌萬卷書　古銅洗臉盆　牙刷福建篦　黄楊全梳攏
皮箱穿衣鏡　門簾鋪枕床　首帕方包袱　衣架大撥燈
脚盆銅痰盂　油鉢奩粧眠　千椿雖逐意　萬般那稱心
女與婿錢賃　男定討債人　我了子孫願　他報劬勞恩

新編合結

俯仰無愧怍　纔可對鬼神　若幼勤讀書　及長學胡行
粉紫陞象棋　貪賭博奸淫　損傷己陰騭　敗壞人門風
時常交匪類　終日共歹朋　庄業田地荒　貿易定折本
抛撇二雙親　疏遠妻子身　懶惰閑遊戲　吃酒逞英雄
好替人添拳　失手打死人　保長違甘結　地方遞報呈
放法身無主　牽拼入衙門　捱打又受氣　枷拏下牢中

羊羔状元红，老潞蜜林檎，男亲面点珠，女眷腮沾红。
午后酒席散，方检聘礼文。上写花素缎，下具胜洒绫。
氅衣衮金边，衲袄石榴红。绣花青通神，蓝褷硫黄裙。
梅桂纱外套，闪色绉蟠襟。金镶玉满冠，累丝簪嵌珍。
戒指银牌环，细银煮镀金。丁香大耳坠，项圈踢脚铃。
手镯偏凤钗，荷包烟袋新。各色查收毕，约定过门辰。

为男置嫁装，因女也赔衬。首饰叫银匠，裁衣请针工。
怴绢花汗巾，绦带布手巾。硃漆立竖柜，抽屉南梧桐。
条桌万卷书，古铜洗脸盆。牙刷福建篦，黄杨全梳栊。
皮箱穿衣镜，门帘铺枕床。手帕方包袱，衣架大掇灯。
胰盒胭脂瓯，油钵奁妆抿。千桩难遂意，万般那称心。
女真赔钱货，男寔讨债人。我了子平愿，他报劬劳恩。

俯仰无愧怍，才可质鬼神。若幼废读书，及长学胡行。
务双陆象棋，贪赌博奸淫。损伤己阴骘，败坏人门风。
时常交匪类，终日共歹朋。庄业田地荒，贸易定折本。
抛撇二双亲，颠连妻子身。懒惰闲游戏，吃酒逞英雄。
好替人添拳，失手打死人。保长达甘结，地方递报呈。
放法身无主，牵告入衙门。挨打又受气，揪攣下牢中。

那時后悔遲 想逃也不能 揭借擔死罪 典當討活命
縱然閑放了 産業花費盡 家中難停站 出外去投奔
親戚粧不認 朋友難得行 逼迫男偷盗 無奈女娼淫
玷辱祖與父 遺臭子共孫 都是走賭場 弄下這光景
酒色關禍苗 犀殺閃人坑 汝等若早戒 免得後失身
故留章句末 獎勸小學生 言詞雖淺近 大益牧川民

賭富襲點道 明數罷物名 不但教弟子 無剩西席人
口外風俗俶 不大論品行 戲子詐訓蒙 僧道强作賓
或充假秀才 有日扮前程 四書全未讀 五經何嘗誦
音韵弗能辨 字句那曉分 偏有媚世態 善做惑世論
以非巧辯是 本無冷妝盈 開口許人短 擡手顯己能
並無忠悌意 務波長遊心 任性胡亂戲 信口妄講論

酒食沽愚主 儀文哄衆人 暫時可掩飾 久後必滋真
賓師由輕賤 端摩這些人 敗壞聖賢規 玷辱學校朋
孔孟如復起 罪孽勝作俑 借筆誅異端 湊字引兒童
莫逃君子誚 難免小人爭 問余何方士 知我某姓名
祖居古秀容 客舘北固仰 庠生瑞林子 舉人向陽孫
大儒沐見笑 幼學宜撫温 俗詞驚醒世 五言雜字終

那时后悔迟，想逃也不能。揭借赎死罪，典当讨活命。
纵然开放了，产业花费尽。家中难停站，出外去投奔。
亲戚妆不认，朋友躲得行。逼迫男偷盗，无奈女娼淫。
玷辱祖与父，遗臭子共孙。都是走赌场，弄下这光景。
酒色闯祸苗，牌骰闪人坑。汝等若早戒，免得后失身。
故留章句末，奖劝小学生。言词虽浅近，大益牧川民。

暗寓褒贬意，明数器物名。不但教弟子，兼刺西席人。
口外风俗低，不大论品行。戏子诈训蒙，僧道强作宾。
或充假秀才，有冒扮前程。四书全未读，五经何尝诵。
音韵弗能辨，字句那晓分？偏有媚世态，善做惑世论。
以非巧辩是，本虚会妆盈。开口讦人短，抬手显己能。
并无忌惮意，殊没畏避心。任性胡圈点，信口妄讲论。

酒食沽愚主，仪文哄呆东。暂时可掩饰，久后必泄真。
宾师由轻贱，端肇这些人。败坏圣贤规，玷辱学校朋。
孔孟如复起，罪辜胜作俑。借笔诛异端，凑字引儿童。
莫逃君子诮，难免小人争。问余何方士，知我某姓名。
祖居古秀容，客馆北园邨。庠生瑞林子，举人向阳孙。
大儒休见笑，幼学宜熟温。俗词谚语尽，五言杂字终。

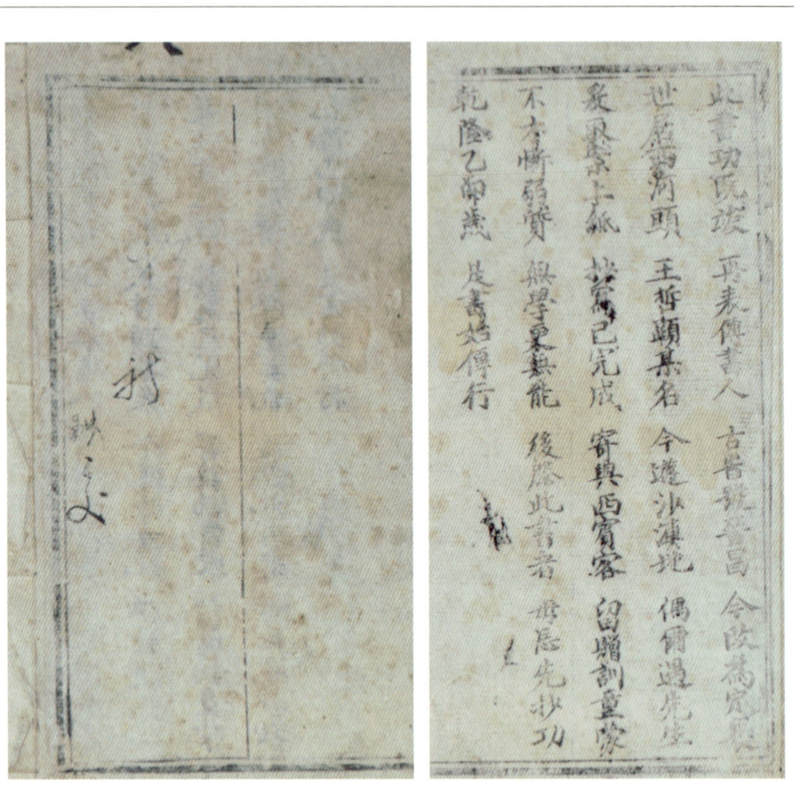

此書功既竣 再表傳書人 古皆[illegible] 今[illegible]
世居[illegible]河頭 王哲顯其名 今遊沙漠地 偶爾遇先生
[illegible]上紙 [illegible]已完成 寄與西賓客 留贈訓童蒙
不文慚弱質 無學更無能 後爲此書者 毋忘先抄功
乾隆乙卯歲 是書始傳行

此书功既竣，再表传书人。古时号晋昌，今改为定襄。世居西河头，王哲显某名。今游沙漠地，偶尔遇先生。爱取案上纸，抄写已完成。寄与西宾客，留赠训童蒙。不才惭弱质，无学更无能。后誊此书者，毋忘先抄功。乾隆乙卯岁，是书始传行。

后记

忻州历史悠久，有着浓厚的文化底蕴。在忻州璀璨的文化宝库里，《五言杂字》无疑有着举足轻重的地位。而更难能可贵的是，这本杂字书是二百多年前在民间普通百姓中广泛流传的识字文化教材、民间百科全书，对劳动人民认识世界、改造世界有着不容忽视的社会价值和深远的历史文化意义。《字里家国：清代忻州〈五言杂字〉释义》对《五言杂字》进行了点校、整理与释读，给予了我们一次与历史，与传统文化见面与对话的机会，并用现代观念和审美视角解读富含其中的优秀的传统文化内涵。这使得《五言杂字》焕发出鲜活的生命力，散发出恒久的文化魅力。

《五言杂字》编纂于清代乾隆年间，作者叫杨如梧，忻州董村人。其科举落第后，为求生背井离乡，迁徙至丰镇北园村，开设了学馆。《五言杂字》是他深入底层百姓，了解群众需求后编写的识字教材。乾隆丙午年，忻州定襄西河头人王喆去丰镇游玩，拜访杨如梧时，发现了这本《五言杂字》，便抄写下来。回乡后，王喆便托定襄县西河头村庆余堂刊刻出版了这本《五言杂字》。自此，这本书便在忻州民间流传开来。

1999 年，忻州收藏家薛喜旺先生在忻州邮局门口的旧书摊发现了乾隆年间的木刻本《五言杂字》。忻州古城活化改造后，秀容书院建起了秀容书院博物馆，薛老便将这本书贡献出来。现该书就展陈于秀容书院博物馆“九原文脉”展厅。2022 年 7 月，山西省文联党组书记李斌带队来忻州调研，同行的省摄影家协会刘涛同志在参观秀容书院博物馆时发现了这本珍贵的藏本。刘涛同志多年来一直在收集解放前的民间识字读本——杂字，在杂字文献收集、整理方面做了大量工作。凭借多年的经验，他很快便认识到这本杂字的价值所在：全省已发现二百多本杂字，多为手抄本，而忻州《五言杂字》却是乾隆年间的木刻本，其作者、刊刻时间、刊印经过、流传范围都有翔实的记载；其内容包罗万象，结构条理明晰，语言通俗易懂，可谓晋北杂字中的精品。于是，山西省文联、忻州市文联、秀容书院博物馆便决定对这本《五言杂字》进行一次全面的整理与开发。秀容书院博物馆联系忻州有关文史专家通过媒体报道了《五言杂字》的基本情况，并对其收藏、保存、展览等背后的故事做了进一步的挖掘。忻州市文联即刻组织了编委专班，开展了对《五言杂字》的点校整理、释义助读等工作。编委同志多为忻州市文联的中青年干部，大家秉着严谨、谦虚、踏实的态度，利用工作之余多番研讨交流，不断查阅资料，深耕细磨。这期间刘涛老师还多次给予了大家专业的指导和鼓舞鞭策。最终，历时半年，数易其稿，这本《字里家国：清代忻州〈五言杂字〉释义》终于面世了！

清木刻本《五言杂字》，全书共1310句，每句五言，总计6550字。为便于阅读与理解，《字里家国：清代忻州〈五言杂字〉释义》根据原书的内容将全书分为九章，分别命题为“设馆训蒙”“表彰圣贤”“为官一方”“解组归里”“生老病死”“耕读治家”“注重经商”“婚嫁礼俗”“重申宗旨”，每章又各划分三节，每节又根据意思分段进行了词语注释和内容助读，每章结尾还从“古为今用”的角度做了小结。我们期待通过这样认真的整理与解读，这样用心的尝试与推广，将尘封的《五言杂字》带入新时代的舞台，唤起更多人对此书的关注与重视，让历史文化的这支文脉得以创造性地传承与转化，使蕴含其中的优秀传统文化焕发出更多现实意义的光芒。

《字里家国：清代忻州〈五言杂字〉释义》的成书，凝聚了多方文化人士的心血和才智。首先要感谢薛喜旺老先生，慧眼识珠，使清木刻本《五言杂字》得以完好地保存至今。感谢秀容书院博物馆，用心展陈藏品，使《五言杂字》能在今天进入更多人的视野，并引起关注。感谢山西省文联党组书记李斌、山西省摄影家协会刘涛同志，多方呼吁，屡次沟通，促成了《字里家国：清代忻州〈五言杂字〉释义》编写工作的启动。感谢忻州市文联韩华、杨靓、毛宇卿、罗强等同志，他们同心协力，圆满完成了此书的编写工作。特别要感谢山西省文联党组书记李斌同志、秀容书院博物馆创意策划人宁志刚同志为本书拨冗作序，感谢秀容书院博物馆运营负责人部建宇同志在珍贵资料的收集、整理、保存等方面所做出的贡献，并在编辑本书过程中给予的大力支持。还要特别感谢刘涛同志，他既是本书的策划顾问，更是此项编写工程的发起者，他对杂字文献相关工作的一腔热忱和不遗余力，感动着我们每一个人，成为促使大家克服困难、坚持不懈做好此项工作的不竭动力。当然，由于各位编写人员认知水平的局限性，此书一定还有疏漏之处，真诚地希望各位读者给予理解并予以指正。

一方水土养育一方人，使一方人繁衍生息；而一方文化同样滋养着一方人，使一方人形成特有的精神气质。挖掘、开发、利用好忻州《五言杂字》，对于传承优秀传统文化、丰富地域文化内涵有着重要的意义。而这也正是编写《字里家国：清代忻州〈五言杂字〉释义》的初衷所在。一字一文化，字里蕴含着智慧，也蕴含着情感，这种情感就是剪不断的乡愁，就是道不尽的家国情怀。真诚希望，通过《字里家国：清代忻州〈五言杂字〉释义》使更多的人了解忻州这方文化热土，催生出更多的思考。

王利民

2023 年 11 月